JN041756

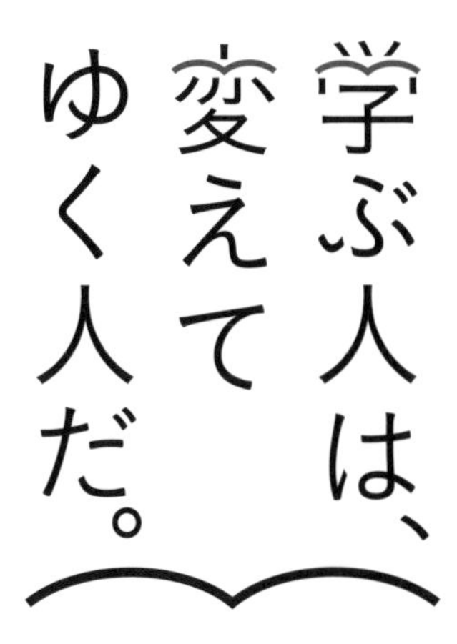

目の前にある問題はもちろん、

人生の問いや、

社会の課題を自ら見つけ、

挑み続けるために、人は学ぶ。

「学び」で、

少しずつ世界は変えてゆける。

いつでも、どこでも、誰でも、

学ぶことができる世の中へ。

旺文社

高校生のための「**生き方の参考書**」

高校脱出マニュアル

人生が変わる高認・通信・特修
という面白い方法がある。

旺文社

飛び出せ高校生！　シリーズ刊行のことば

「先生、どうでもいいんですよ。
生きてるだけで痛いんですよ。
ニーチェもフロイトもこの穴の埋め方は書かないんだ。」

ヨルシカ「ヒッチコック」
作詞・作曲　n-buna

高校生は、進路や恋愛、友達関係、部活と悩みがいっぱいある時期です。友達や家族や先生に話したり、ネットやSNSで共有することが解決の助けになっている人もいると思います。そして音楽もひとつの力になっています。

ヨルシカの楽曲「ヒッチコック」では、ニーチェもフロイトも力になってくれないと歌われましたが、わたしたち旺文社は出版社ですから、「本」でなんとかみなさんの役に立てないかな、と考えました。

このシリーズはいわば高校生のための「生き方の参考書」です。みなさんにとって、一歩前へ出る勇気のきっかけになることを願い、このシリーズを「飛び出せ高校生！」と名付けました。

「人間関係の悩み」「進路・進学の悩み」「心と身体の悩み」の３つの大切なことを、考える手助けをしていきます。

この本では正解はわかりません。さまざまなことで悩んでいるみなさんの手助けができればいいな、と思っています。答えをみつけるのはみなさんです。この本で常識にとらわれない考えを知り、試行錯誤して答えを自分で出しながら、一歩でも前に進んでくれることを願っています。

飛び出せ高校生！

株式会社旺文社　発行人　生駒大壱

目次

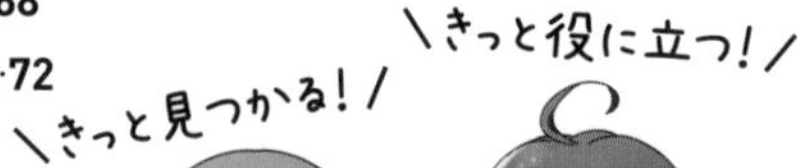

第3部 高校脱出ルート3 特修生制度 中卒から大卒という方法 ……81

第4部 高校脱出ルート4 放送大学 高校なしで一流の教授に学ぶ ……113

注：経験者インタビューは2020年取材当時のものです。

01 皆と同じ時間に同じ授業を受けることに違和感のあるキミ！

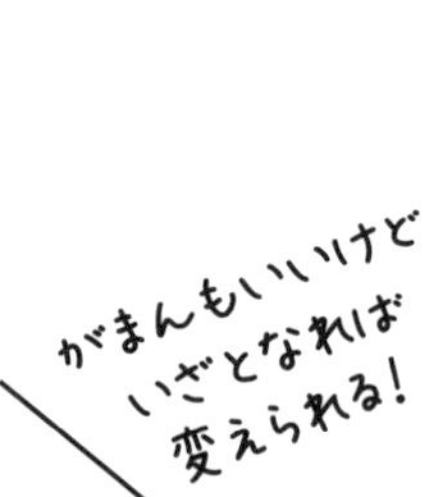

高校を飛ばして
自由に学べる！
大学入学も
目指せる！

学校がつまらない人は別の選択肢を知っておこう！

この本の使い方

❶ 10～14ページのチャートで、自分に合ったルートを見つけよう

❷ 自分に合ったルートの、特徴やしくみ、メリット、デメリットを知ろう

❸ 学校紹介や体験談インタビューでイメージをふくらませよう

高校に 行きたくない 行かないといけない!? の お悩み解決 ルート案内

きみの高校への悩みは何かな？　きみの悩みに合ったルートに進んでみよう。ぴったりのルートが見つかるかも!?

- もっと効率よく、大学に入りたい ルート❶ → p.11
- 授業が簡単でつまらない、または難しすぎる ルート❶ → p.11 ルート❷ → p.12
- スポーツなど、やりたいことがある ルート❷ → p.12
- 集団活動が苦手でやりたくない ルート❶ → p.11 ルート❷ → p.12
- 興味のあることが学べる大学に直接入りたい ルート❸ → p.13 ルート❹ → p.14

ルート❶

高卒認定試験で大学受験の資格をゲット

>> 高卒認定試験って？

高校を卒業していない人が、「高校を卒業した人と同等以上の学力がある」ことを認定するための試験。この試験に合格すると、大学や短大、専門学校を受験する資格が得られたり、就職や資格試験の受験にも役立ったりすることもある。16歳で受かってしまえば、18歳までの大学入試まで、受験勉強に時間を費やすことができる。

ルート❶
＼くわしい／
高卒認定試験はこちら
→ p.15

ルート❷

通信制の高校でムリなく高校卒業の資格をとる

≫ 通信制高校って？

毎日学校に通わなくても、高校卒業の単位取得を目指せる高校。
レポートをネットや郵送で学校に送り、試験を受けて単位をとる。決められた日数だけ登校すればいいので、集団活動が苦手な人にはぴったり。
また、自分のペースで勉強できるので、受験勉強、アルバイト、資格取得、趣味の活動、スポーツへの専念など、いろいろな使い方ができる。

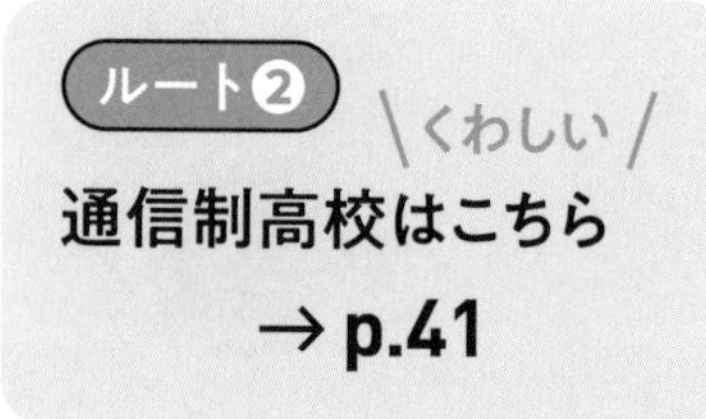

→ p.41

ルート❸

特修生制度を利用して大学卒業を目指す

>> 特修生制度とは？

大学入学の資格がない満15歳以上の人（大学によって受け入れる年齢が違う）が、正科生への正式入学を目指して学ぶ制度。大学が指定する科目16単位以上を修得し、満18歳になれば、その大学の正科生になることができる。そして、正科生になって卒業すると、「大学卒業資格」が得られる。

ルート❸ ＼くわしい／
特修生制度はこちら
→ p.81

ルート❹

実は、放送大学は先生たちがすごい！ハイレベルの大学

>> 放送大学って？

各分野のトップクラスの先生たちが講師として名を連ねており、レベルの高い講義を受けることができる大学。満15歳以上であれば誰でも入学が可能だ（科目履修生、選科履修生）。高卒の資格を持っていなくても、特修生制度のある大学と同様、科目・選科履修生から入学し、特定の16単位を取得すれば、満18歳で全科履修生としての入学が可能になる。

ルート❹ \くわしい/
放送大学はこちら
→ p.113

第1部

高校脱出ルート1

高卒認定試験

高卒なしの
大学受験資格
という方法

01 高卒認定試験は思ったよりハードルが低い！

世の中には、いろいろな理由で高校を卒業していない人がたくさんいる。そういう人たちが受験をして**「高校を卒業した人と同等以上の学力がある」**ことを認定するのが高卒認定試験（正式名は「高等学校卒業程度認定試験」）だ。この試験に合格すると、大学や短大、専門学校を受験する資格が得られるほか、就職や資格試験の受験にも役立てることもできる。

実際にどんな人たちが受験しているのかというと、中学を卒業した人、高校を中退した人、高校に籍はあるけれどあまり通えていない人などが多く、毎年、全国で約2万人がこの試験に挑戦しているよ。

中学校を卒業後、高校などに進学していない人

高校を途中で退学した人

何らかの理由で高校に行っていない人

全日制・定時制・通信制高校に在籍している人

会社員やアルバイトなどをしている人

高卒認定試験は「高校卒業程度だから、むずかしそう」と思う人もいるかもしれない。でも、心配しなくても大丈夫。高卒認定試験は基礎学力を判定するもので、英、数、国は高校1年生で習う科目が中心だ。しかも、解答はマークシート方式。文部科学省の正式発表はないが40〜50%くらい正解できれば合格が可能といわれている。出願者は年間約2万人、うち約9千人が全科目（8〜10科目）に合格しているよ。

試験内容は基礎レベル

高卒認定試験で問われるのは基礎学力。
英、数、国は高校１年生で習う科目が中心。
例えば数学は数学Ⅰだけだ。

マークシート方式

数学だけは少し解答方法が違うが、
全問マークシート方式。

合格ラインは高くない

正解率40〜50%が合格ライン※といわれている。合格者に順位や定員はない。文部科学省は、高等学校卒業者と同等以上の学力があることを確認しているのだ。

※試験の難易度により前後する。

高校・大学受験は一度の試験で全科目を受け、合否が決まる一発勝負だ。しかし、高卒認定試験は1回の試験で全科目に合格しなくてもかまわない。**科目ごとに合格するまで何回でも受験できるし、一度合格した科目はもう試験を受けなくていい。**2回、3回と挑戦し、自分のペースでゴールを目指すこともできるんだ。

例えば

第1回試験

得意な5科目は合格！
3科目は不合格

第2回試験

残った3科目を勉強して
再受験し、合格！

一度合格した科目は、
合格がずっと
引き継がれるよ

02

満16歳以上の人が対象。毎年2回、受験のチャンスがあるよ

高卒認定試験は、高校などを卒業していない人で、**満16歳以上であれば誰でも受験できる。**試験は毎年8月と11月に年2回あり、試験会場も全国各地にあるから、自分に合った時期・場所を選んで受けられる。また、試験には合格者数の定員がない。

受験資格

- **満16歳以上**
  （受験年度の3月末までに満16歳になる人を含む）
- **大学入学資格をもっていない人**
  （高校などを卒業していない人）

試験日・試験会場

- **試験日は、第1回（8月）と第2回（11月）の年2回**
- **試験会場は、各都道府県に1会場ある**
  （どの会場でも受験可能）

必要書類・受験料

- **必要書類は、受験願書、履歴書、写真、住民票など**
- **受験料は、以下の金額の収入印紙を願書に貼り付ける**

7科目以上受験	8500円
4科目以上6科目以下受験	6500円
3科目以下受験	4500円

変更することもあるので、必ずホームページをチェック！

◆文部科学省の高等学校卒業程度認定試験サイト
https://www.mext.go.jp/a_menu/koutou/shiken/index.htm

高卒認定試験の試験科目は、科目の選び方によって8科目～10科目。国語、数学、英語、世界史はすべての人が受けることになるよ。合格するには、過去実施問題を解くことが重要。各科目の出題範囲（対応する教科書）や過去実施問題を知りたいときは、文部科学省ホームページを確認してみよう。

教科	出題範囲	合格要件
国語	国語総合	必修
数学	数学Ⅰ	必修
外国語	コミュニケーション英語Ⅰ	必修
地理歴史	世界史A	２科目のうち１科目必修
	世界史B	
	日本史A	４科目のうち１科目必修
	日本史B	
	地理A	
	地理B	
公民	現代社会	現代社会１科目 または 倫理、政治・経済の２科目 どちらか必修
	倫理	
	政治・経済	
理科	科学と人間生活	科学と人間生活 と 物理基礎、化学基礎 生物基礎、地学基礎 から1科目の計2科目 物理基礎、化学基礎 生物基礎、地学基礎 から3科目 どちらか必修
	物理基礎	
	化学基礎	
	生物基礎	
	地学基礎	

試験科目や過去問題は文部科学省のホームページをチェック！

◆試験科目・合格要件・出題範囲
https://www.mext.go.jp/a_menu/koutou/shiken/06033010/003.htm

◆過去問題
https://www.mext.go.jp/a_menu/koutou/shiken/kakomon/

受験スケジュールの目安 ［第1回（8月）受験の場合］

4月上旬

願書（受験案内）を入手

第１回試験の願書は４月に入ってすぐに配布がスタート（第２回は７月下旬ごろ）。各都道府県の配布場所に取りに行くほか、電話・パソコン・スマホからも請求できるよ。

［テレメール資料請求受付サイト］
https://telemail.jp/shingaku/pc/gakkou/kousotsu/

［IP電話］
050-8601-0101（音声ガイダンスにしたがって申し込み）

5月上旬

出願

出願期間は４月上旬～５月上旬（第２回は７月下旬～９月中旬）。必要書類の準備に時間がかかることもあるから、早めに準備を始めよう※。
※高校などで履修した科目がある人は、試験の「免除」も可能（24～25ページ参照）。
免除を受ける場合は、単位修得証明書などの提出が必要に。

8月上旬～中旬

受験

指定の受験会場で、１日間または２日間の試験を受ける。
合格を目指し、全力で問題に取り組もう！

9月上旬

結果通知

郵送で試験の結果が送られてくる（第２回は12月上旬）。
さあ、結果はいかに!?

日程も変更することがあるので必ずホームページをチェック！

全科目に合格すれば、
高卒認定をゲット！

03

高校でとった単位は試験が免除になることもある！

もし、きみが高校1年生以上を修了しているのであれば、高卒認定はもっとラクにとれる。なぜなら、高校の単位として修得した科目は、免除に必要な単位数を修得していれば試験科目を免除することができるからだ。たとえば高校2年生になって中退した人なら、1年生で単位をとった科目は試験を受けなくてもよい「免除科目」とみなされる。あとは**在学中にとれなかった科目や受講しなかった科目だけを受験し、合格すればいい**んだ。ちなみに、高卒認定試験に必要な全科目の単位を修得している人でも、全ての科目を「免除」にすることはできない。最低1科目以上を受験し、合格することが必要だ。

英検、数検、歴検でも「免除」に

語学などの知識および技能の検定試験で、一定以上の級に受かっている人は、それで科目の「免除」を受けることもできる。英検の準2級以上で英語、数検の2級以上で数学の試験が免除になるほか、歴史能力検定では受かった科目・級により、世界史Bや日本史Bが免除になる。

04

苦手科目は通信制高校で単位をとる方法もあるよ

高卒認定をとろうと思って勉強を始めたけれど、自分だけで勉強を進めるのはむずかしい。どうしても苦手な科目があり、受験しても合格できない……。そんなときは、通信制高校を味方につける方法もある。**苦手科目は通信制高校で履修し、単位をとればそれでも「合格」になる。**通信制高校の中にはその人に合わせて必要な科目だけを履修できる学校もあるので、利用してみたいという人は一度、相談してみるといいね（第2部も参照）。

第1部

高卒認定のメリット③

05

早く高認をとればあとは大学受験に集中できる！

大学受験の勉強に時間をかけるため、あえて早い段階で高卒認定をとるという選択肢もある。高卒認定は最速で高校1年生でとれる。**高校1年や2年の夏に高認をとれば**、それで大学受験資格は得られる※ので、**残る2年～1年半を受験勉強のためだけに使うことができる**よ。大学で学びたいという目的がはっきりしている人には、効率のいい方法だ。

※16～17歳で高卒認定試験の全科目に合格しても、
正式な高卒認定合格は、18歳の誕生日の翌日になる。

06

高認合格＝学歴が「高卒」になるわけではないよ

高卒認定試験の全科目に合格をすると、「高校を卒業した人と同等以上の学力がある」と認められたことになる。ただし高認合格＝学歴が「高校卒業」になるわけではないんだ。**その後の進路によっては、最終学歴（中学校卒業）のままになることもある**ので注意しよう。

そのほか受験科目の選択のしかたや科目の履修状況などにより、高認がとれるまでに数年かかるケースもある。進学時期を遅らせたくない人は情報をよく確認し、**計画的に受験するのがいいだろう。**

- 大学や短大、専門学校などに進学しない場合、**最終学歴（中学校卒業）**のままになる。
- 受験科目の選択や科目の免除などに複雑なところがあるので、**十分に確認をして受験をする**必要がある。
- 全科目に合格するまでに、**時間がかかることがある。**

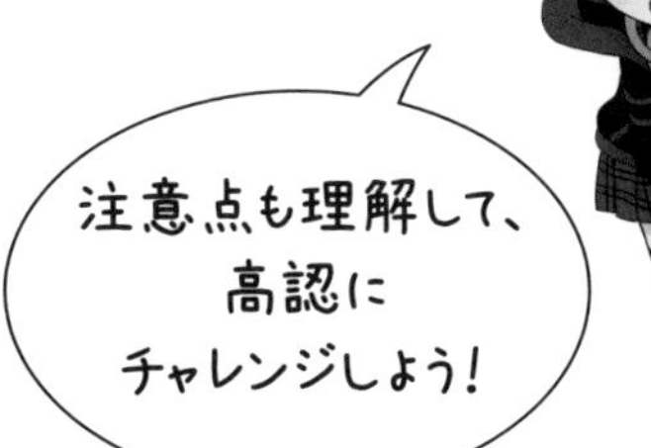

中高一貫校中退 → 単位制高校中退 → 海外留学 → 大検取得 → 早稲田大学進学 → 就職

中退や留学、大検取得、様々な経験を経たのち、
道を切りひらいた先輩にお話を聞きました。

大学に行く道は いろいろあるからあせらないで！

——根岸恭子さん(出版社勤務)

——根岸さんは中高一貫校を辞めたとのことですが、きっかけは？

友達とも仲が良かったし、勉強も好きだったんです。だけど、中高一貫校でのんびりした校風というのもありますが、学校生活がつまんないというか…めんどくさくなってしまって。毎日行く理由がないように思えて。自分なりに考えて、学校辞めようと思うんだ、と親に話したら、わかった、といって認めてくれて救われました。

——その後はどんな生活をしていたんですか？

中高一貫校の中学卒業後、単位制の高校に入りましたがやはり授業がつまらなく、ここは自分の居場所ではないなと思ってわりとすぐに辞めました。その時点で大検（今の高卒認定試験）のことは知っていたので、視野に入れつつ、家でネットしたりゲームしたりのんびりでしたね。半年くらいは本当に家の外に出なかったので、親も心配していたと思いますが、放っておいてくれてました。

——なにかきっかけがあって外に出た？

いい加減この生活もダメだなと思い始めて（笑）、アルバイトを始めました。ホテルの中にあるレストランでホールの仕事でやりがいもあり、仲間もできて、学校に行かなくたって友達はできるし、社会経験にもなって楽しく働いてました。うるさくいう人もいないし、学歴も関係ないし。そのころは完全に社会人でしたね。

——そのころは、大検のことは考えていたのですか？

なんとなく気にはしながらも、バイト三昧でした。ある日、地元の仲のいい友達が大学受験する年齢になっていて、あ、自分もそういう年だ

よなと思って。その子の教科書を読ませてもらうと理解できたし、やっぱり勉強は好きだし大学には行きたいなと思い始めました。

——その後、留学を経験して大学受験に向かうのですね。

17歳のときに、親のすすめでオーストラリアに8カ月語学留学をしました。

そして、19歳で大検を受けて合格しました。正直これは簡単でした。**教科書以上の内容はまず出ないので、教科書を読んでおけば受かると思います。**大学は早稲田大学の小論文と英語、国語で受ける試験を見つけたので、チャレンジすることにしました。もともと作文は好きで自信があったし、英語も留学経験を活かすことができました。それで2年浪人した年数で、早稲田に入学することができました。

——大学生活はいかがでしたか？

まったく普通の大学生活で、友達もいて、ゼミにも入って、バイトを始めて。授業の内容も自分が好きで選んだ学部学科なので、勉強もすごく楽しかったしのめり込みました。

いま改めて聞かれたのでそうだ高校辞めたんだったなと思い出すくらい、そのことを不利に感じたり、恥ずかしく思ったりしたことはないです。出版系で働きたいという希望があったので、在学中から編集プロダクションでアルバイトをし、そのまま就職することもできました。いろいろな社会経験をしてきたことも、本づくりには役立っていると思います。

——これから高校を辞めて、でも大学に行きたい子に何かメッセージを！

楽しいけどつまんない、学校に行く理由が見つからないなら辞めてもいいと思います。逆に自分の時間を犠牲にせず、効率のよいやり方があるんじゃないかな。みんなと同じじゃなきゃいけない理由もないし、若いうちに山を越えると、その後の人生はとても楽に思えます。そのころは悩んでいたと思うけど、大学に行くにはいくつも選択肢があることを知っておくことはいいと思いますね。

高校中退 → 高卒認定 → 東京理科大学進学

高校を１年生で中退後、高卒認定を取得、東京理科大学に進学した先輩にその経験をうかがいました。

無理して高校に行かなくてもいい！自分に合った方法で、健全に大学に入ろう

——陰山秀斗さん（大学３年生）

——陰山さんは高校1年生のときに中退されたとのことですが…。

中学時代は成績もよく、部活にも打ち込み、優等生だったと思います。受験にも真剣に取り組んで、上位校を受験しましたが不合格。第2志望の学校では理数クラスで特待生もとれて、成績もトップでした。子どものころから続けていたギターを生かしてマンドリンギター部に入り、たまたまですが僕が入学した年の夏休みに全国の大きな大会に出ることになり、忙しい日々を送っていたんです。だけどそれが終わると、燃え尽きてしまったというか…張りつめていたものがプツッと切れて…。

——ずっと目まぐるしくしていたのが、途切れた？

大会が終わったら少しゆっくりしたいなと思ってはいたのですが、勉強が手につかなくなって、体調も悪くなり、学校を休むようになって全然行けなくなりました。両親も、無理に行けとは言わなかったのでそこは助かりました。起きられなくなり、ずっと寝てました。

——そして１年生で辞める決心をされたのですね。

１年生の2月頃、このままだと出席日数が足りないので進級ができないと担任の先生から連絡がありました。そこで両親と話し合い、辞める決心をしました。先生は心配してくれて、大学に行くには高卒認定という方法もあることをそのときに教えてくれたり、塾に関するアドバイスをしてくれたのが本当にありがたかったです。

——それで、高卒認定をとることに決めたのですね？

体がよくなったら、高卒認定をとるか、通信制の高校に進むか、そのまま就職するか、という選択肢がありました。僕は地元の友達と仲がよ

かったので、同じタイミングで大学に進んで同級生になりたかったんです。17歳から通信制高校に行くとみんなに遅れをとってしまう、という懸念がありました。それで高卒認定をとることに決め、サポートしてくれる塾に入り、自分のペースで勉強を始めました。

――そのころの生活を振り返るとどうですか？

高校を辞めたことで気持ちはだいぶリフレッシュできていて…。時間はたくさんあったので、塾で勉強をするほかは読書やゲームもしてましたが、自分のことを見つめなおす時間もとれました。自分は無理してしまうタイプで、急にスイッチも切れてしまう。だからセーブしながら、うまく自己管理して勉強しようと思うこともできました。

――高卒認定取得から、受験準備の流れはいかがでしたか？

高卒認定は半年ほどの勉強でとれて、残りの１年半を受験勉強にあてることができました。自分のペースを守り､少しずつ偏差値もあがって、上位校も視野に入るようになりました。しっかり対策ができたので、受験当日はリラックスして臨むことができました。

――自分のやり方、ペースが見つかって学力も伸びたのですね。

僕の場合は両親、高校の先生、塾の環境に恵まれて、僕の存在を認めてくれて、どんなやり方も、弱音をいうことも許してくれました。きつくなったら休めばいい、と言ってもらえたのも安心できました。

――結果、東京理科大学に見事に合格されました。

正直、あのとき身も心もボロボロのまま高校に在籍していても、今の大学には入れてなかったと思います。信頼できる先生や親が示してくれた選択肢は正しかったかな、と。入りたかった経営学部で、好きな勉強を思い切りできる環境がいまは嬉しいです。

――進路に悩む後輩にアドバイスはありますか？

無理だ、と思ったら学校は辞めるという選択肢もあると思います。無理なまま学校に通うのは、身も心ももたないです。ただ、辞めたときは、なにかにチャレンジする強さももってほしいです。自分に合った方法を見つけられたら、元の自分を超えることはできると思いますよ！

高校中退 → 高卒認定取得 → 法政大学進学 → 就職

高校3年生で中退後、高卒認定を取得、大学に進学し、現在は大手企業で活躍する先輩のお話をうかがいます。

高卒認定の経験は、大人になれば逆に大きな武器になる！

——豊橋 徹さん（大手IT系企業勤務）

——豊橋さんの高卒認定に至った経歴を教えてください。

高校はアメフト部に入りたくて進学校に進みましたが、入学後は本当に部活しかしてなくて、高校3年生の進学を考える頃に成績が悪いことが親にバレてしまって…。父に「遊ばせるために高校に行かせたんじゃないぞ！」と怒られて、じゃあ高校は辞めるわ、と啖呵を切ってしまい、本当に翌日辞めました。今となっては笑い話ですが…。

——その後はどのような生活をしていたんですか？

高卒認定の存在は知っていたので、高校を中退後に高卒認定は取得しました。**高3まで在学していたので単位がとれており、１教科の受験で済みました。**その後は大学進学を考えるでもなく、フリーターをしていました。ただ今を生きている、という感じで２年半が過ぎていました。

——大学を目指すことになったきっかけは？

接客業でバイトをしていたときに、お客さんから将来の夢を聞かれたんです。ぼくの夢は『奥さんと子どもとで公園でシートを広げて、お弁当を食べる』というものなんですが、それを聞いたお客さんが、奥さんになる人の両親は、君が高校中退でフリーターをしていることをどう思うか考えているの？　と言ってきたんです。正直、考えないようにしていたというか…痛いところを突かれて。社会の中での立ち位置を明確にされ、そのとき初めて母に将来のことを相談しました。

母は、もしも大学に行きたいのならサポートはするから頑張ってみれば、と言ってくれたので、そこから勉強をやりなおすことにしました。21歳だったのでほぼ5年ぶりに勉強することになりました。

——けっこうなブランクでしたね。

サポートをしてくれる塾に入り、半年で基礎学力をかため、あとの1年で浪人生のような勉強をするシステムで受験に備えました。正直、この1年半の勉強が一番つらかったし、自分でもよく頑張ったと思います。もう残された道はない、と思っていたので勉強にだけ集中しました。

——そして、見事第一志望に合格されたんですね。

法政大学生命科学部に23歳で入学しました。実験も多く、興味のある分野だったのでとにかく学ぶことが楽しくて。大学時代の成績はかなり上位をキープできていました。

——充実のキャンパスライフを送れた？

はい（笑）。ほかの学生より年上であることは隠してなくて、経験が多いぶん相談に乗ったりもしていましたね。困ったことはなかったです。

——就職活動はどうでしたか？

面接に行くと、高校を中退していることや年齢的なブランクは必ず聞かれました。でも僕はこの経歴は武器になる、と確信していました。人事の方と話せれば、僕の人となり、それに思いも伝えられる自信はありました。接客業の経験も生きていたと思います。面接まで進めば、すべての企業から採用をいただくことができました。

——そして、大手IT系企業に入社されました。

入社してから上司に言われたのは、この時代、企業は普通の人は採用しないから、ほかの人と違う人生を歩んでいる君はおもしろいと思えた、と。人生のなかにブランクがあることもポジティブにとらえることで、逆に目立てたようです。いまはあるプロジェクトに抜擢され、大学病院に常駐して共同研究をしながらシステム開発を行っています。大学での研究も生かせて、新しい仕事ができてものすごく充実しています！

——将来に悩んでいる後輩にアドバイスはありますか？

高校を辞めたって、お先真っ暗なんかじゃない。自分で困難をどう解決したのか、自分なりにプロセスを分析、説明できれば人材として強くなれます。焦らず、じっくりと自分の人生を歩んでほしいです。

中高一貫校中退 → 高卒認定取得 → 青山学院大学進学

中高一貫校を中３で中退後、高校には入学せず、高卒認定を取得して青山学院大学に入学するまでをお聞きしました。

時間をかけて自分と向き合い、自分で考えて決めた進路だから、納得できる！

――――羽村佳乃さん（大学２年生）

――羽村さんは中高一貫の伝統校に入学されたそうですが…。

中学受験をして女子校に入りましたが、環境の変化が大きく、クラスに馴染むことができなくて、少しずつ登校が難しくなりました。部活には行けるのですが、クラスに入るのが無理で…。中1の夏休み前から保健室登校になり、休む日もあって、中2、中3もほぼ同じ調子でした。

――進路変更したのはいつですか？

中3のときに内部進学をするためのテストがあってそれには合格し、でも合格したうえで、学校は辞めることにしました。あくまでも学校側から断られたわけではなく、こちらから辞めるというスタンスで…(笑)。それも自分で決めていたことなので…。

――その後の進路はどのようにして決めましたか？

両親が情報を集めてくれて、通信制高校も検討しましたが、その頃は「学校」という場が無理になっていたので、高卒認定を取得して大学を目指すことにしました。高卒認定向けの塾に入りましたが、最初はそのクラスに足を踏み入れるのも緊張して…でもみんな同じような立場の人が多かったので、少しずつ通学も楽になりました。

――高卒認定試験に向けた勉強はどうでしたか？

中1から保健室で自己流の勉強をしていたので、先生がいて教えてくれるという環境がまず新鮮だし、わかりやすかったです。私ってもともと勉強が好きだったな、と思い出せました。いつでも相談できる教務の先生がいたのも心強かったです。**高卒認定向けの基礎的な勉強をして、１年目の８月には高卒認定を取ることができました。**

——早いですね！　その後は、大学受験の準備に入ったのですね？

受験まで２年半あったので、時間的な余裕はありましたね。塾で現役生に追いつくための勉強をする以外はそば屋でバイトをしたり、バッティングセンターに行ったり、地元の友達と映画を見たりして、自分らしく過ごし、ずいぶん元気を取り戻すこともできました。

——志望校はどのように決めたのですか？

得意な科目で受験でき、興味のある勉強を続けられる学部でおのずと受けたい大学は決まりました。高認でもいい大学にいく！　という意志が芽生えていたので、できるだけ頑張ろうと燃えてましたね。塾やお気に入りのカフェで自主勉強をして、自分に合った進め方をしました。

——第一志望の青山学院大学に合格したときは、嬉しかったですよね。

ほんとにホッとしました。やっと同級生のみんなに追いつけた、という思いもありました。一般入試なので、同級生たちと同等に闘って、合格できたのもすごくうれしかったです。

——結果的に、高認という仕組みは羽村さんに向いていましたか？

そう思います。自分の時間を作れて、自分の好きなやり方で勉強ができ、自分のいいところ、弱いところと向き合えたことも本当に大きかったです。自分の頭で考えて、決めて、進んだ道なので、納得しながら頑張れたというのも、勉強の成果につながったと思います。

——大学生生活はいかがですか？

最初は周囲とのギャップに戸惑いもありましたが、少しずつ友達もできて楽しいです。やりたかった分野を研究できるので、これから自分の専門を極めていきたいです。あとは文化部の放送研究会に入って、短編作品を作ったり、脚本にもチャレンジしたりしています！

——進路に悩んでいる後輩にアドバイスをお願いします。

私は両親が何もいわずに私の考えを尊重してくれました。自分で決めたことを、１日１日乗り越えていく。それが今の自分につながっていると思います。

column

刻々と状況は変わる
こまめにチェックして正しい情報集めを！

豪雨や新型コロナウイルスの影響で、高卒認定試験の再試験がおこなわれたり、各学校の説明会や個別相談がオンラインになったりと、状況が大きく変わりました。そして今も刻々と変化しています。最新の正しい情報を得ることを心がけましょう。（本書の作成にあたっては細心の注意を払っていますが、誤りがある可能性があります。**ご自身での再確認をお願いします。**）

◆正しい情報を得るには

○高卒認定試験（高等学校卒業程度認定試験）の情報

文部科学省ホームページを閲覧する。
https://www.mext.go.jp/a_menu/koutou/shiken/
試験情報は、Twitterの公式アカウントでチェックする。

○通信制高校の情報

各高等学校のホームページを閲覧する、各学校からパンフレットを取り寄せる、合同説明会に参加する、オープンキャンパスに参加するなど。

○特修生制度のある大学の情報

各大学のホームページを閲覧する。パンフレットを取り寄せる（電子パンフレットのある大学もある）。学校説明会に参加するなど。

○放送大学の情報

放送大学のホームページを閲覧する。https://www.ouj.ac.jp

各高校や大学には、サイトから問い合わせができるので、知りたいことや気になることは質問してみるとよいでしょう。

（この本の情報は、2021年2月現在です。）

第2部

高校脱出ルート2

通信制高校

ほぼ脱出
という方法

01

ところで通信制高校にはどうやって入るの？

通信制高校へは、**中学を卒業していれば基本的に入学OK**だ。入学試験の方法はカンタン。通信制高校の通信コース※は、一部の学校を除き筆記試験を行っている学校は少なく、書類審査・面接のみの学校が多い（作文が入る場合もある）。

※登校するコースや公立の場合は、国数英の試験を行う学校もある。

02

学校に毎日行かなくていいんだ!!

通信制高校は、「毎日通学をしなくていい」が最大のメリット。全日制高校[※1]も通信制高校も、74単位以上を3年間かけて修得するのは同じ（通信制高校は3年以上でもOK）。

全日制の高校は、1単位を修得するのに1週間×1コマ（50分）の授業を、1年間に35週も費やす（国語総合等の主要科目は4単位必要なので、1週間×4コマ）。そこには提出物、定期テスト、出席日数も関わる。「学年制」をとっている学校が多く、欠席が多かったり、単位を落としたりすると留年の可能性がある。

一方、通信制高校は、「単位制」。1単位修得するのに、**1年間に数枚のレポートを自宅でこなして提出し（枚数は科目によって異なる）、決まった日にスクーリングに参加して、試験に合格すればいい。**

※1　日中クラス全員で同じ授業を受け、クラス単位で行動を共にする、一般の高等学校。

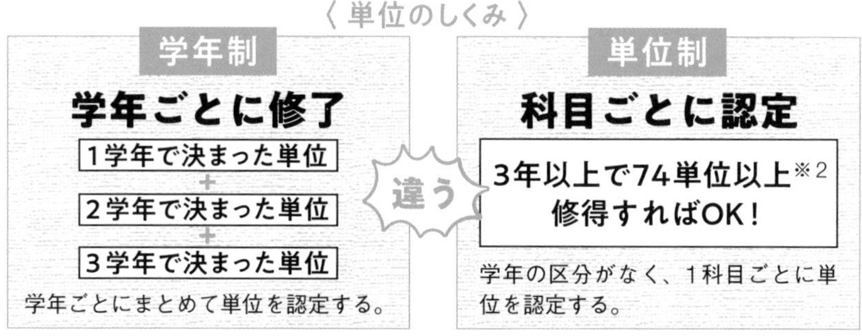

※2　これに特別活動30単位時間がプラスされる（1単位時間は50分なので25時間）。

単位って？

全日制にとって単位は、学校を卒業するための、学習した量と成績。

50分授業を週1コマ × 1年間で35週費やす → 1単位

でも国語総合は1年間で4単位必要…

1週間 × 4コマの授業を1年間に35週費やす（=140コマ） → 4単位

第2部

通信制高校のメリット②

03

それぞれが好きなことができるんだよ

時間にゆとりができたら、**いろいろなことにチャレンジできる**ようになる。例えば受験勉強、アルバイト、資格取得、趣味の活動、スポーツへの専念など。いろいろな使い方ができて一石二鳥だ。

受験勉強がたくさんできる！

通信制ならば通学時間や授業の時間が浮くので、自分の行きたい大学の受験勉強や専門的な勉強などにたっぷりあてられる。

アルバイトができる

全日制ではアルバイトを禁止しているところもある。でも、通信制高校は、みんなが学校に行っている昼間に働けるんだ。

趣味に時間が使える

勉強時間が自由な分、作詞や作曲活動、バンドやアイドル活動、スポーツ、海外留学などのやりたいことに時間が使える。

通信制の単位のとり方を説明しよう。

通信制で提出する「レポート」は、作文や論文ではなく、小学校や中学校のプリントのような穴うめ式のものが多い。**1年間で決められた科目と枚数のレポートを期日内に学校に送って添削してもらう**※。**スクーリングは1年間で4～7日間の短期集中の場合や、月１～2日などいろいろな形式がある**から学校を選ぶ目安にしよう。そして、**年2回程度の試験で合格点がとれれば、単位が修得できる。**

メールや郵送でOK

期日までにパソコンやスマートフォンなどからレポートをメールで送るか、郵送で提出。

スクーリング

A　最寄りのキャンパス
B　本校キャンパス

最寄りのキャンパスで受けられる

Aは自分が住む近くのキャンパスか学習センター、Bは遠い田舎にある本校などに行く。

試　験

レポートやスクーリングの内容をそのまま試験に出す学校も多い

※レポートの枚数は科目によって違う。

通信制高校では「特別活動を30単位時間以上出席すること」も卒業条件になる。これは、**運動会や遠足、修学旅行、文化祭など**特別な活動のこと。ここには、**ホームルームやクラブ活動も含まれる**。※1

※1　学校によって内容は異なる。

特別活動の例

4月	入学式
5月	バーベキュー大会
6月	運動会
7月	夏祭り
8月	全国高等学校定時制通信制体育大会※2 キャンプ
9月	修学旅行
10月	遠足
11月	文化祭
12月	クリスマス会
1月	校内球技大会
2月	校外学習
3月	卒業式

どれに参加するのか選べるよ

※2　全日制高校のインターハイのようなもの。

第2部

通信制高校のメリット③

04

学費が安いから予備校や塾に通える

通信制高校の費用は、学生が学校に通わない分年間でみると安め。通信制の場合、授業料が１単位当たりで金額が設定されていることが多いので、取得する単位で年間の金額が変わる。**私立が1単位6000円～8000円程度するのに対し、公立は1単位約300円からと安い**。私立は公立よりも値段が高い分、レポート提出がネットでできるほか、疑問点や学習の不安を解消するサポート体制を工夫していたり、スクーリングの日程や会場の融通がきいたりする。

公立の学費

- **入学金**　500円
- **授業料**　年間約1～3万円
（1単位約300円～学校によって異なる）
- **その他の諸費用**　年間約3万円

私立の学費

- **入学金**　2万円～5万円
- **授業料**　年間約15万円～18万円
（1単位6000円～学校によって異なる）
- **その他の諸費用**　年間約3万円

支援金制度がある！

高校に属する学生が国から授業料を援助してもらえる「就学支援金」という制度※。

まずは地元にある
公立の通信制高校を
調べてみて！

※世帯収入などの条件がある。

05 まるで大学みたい！

通信制高校は、大学生活を先取りして体験できると考えてもいい。生徒の自主性を尊重している学校が多く、学生は自分が履修している科目のレポート提出やスクーリングの受講、試験、これらをすべて自分で管理する。

スクーリングでは、自分が選択している授業に参加するが、1日同じ教室で授業を受けるのではなく、科目ごとに決まった時間に、自分が教室に移動して授業を受ける。空き時間は、校内の食堂や自習室、図書館等で過ごす。自分主導で動けるんだ。

だからといって、学校側は決して生徒を突き放しているわけではない。学校によってフォロー体制が違うが、困っていることがあれば先生方に相談ができ、指導もしてもらえるから安心してほしい。

〈大学と似ているところ〉

委員会や係活動掃除がない

生徒会は存在するが、委員会、係や掃除などの当番活動がない学校が多い。

提出物やスクーリング、試験は自分で管理

自分の履修科目のレポート提出やスクーリング、試験日などは自分で把握する。学校からのお知らせも自分でチェック。

担任がいない

履修科目が人によって違うので、クラスがあるわけではなく、担任もいない学校が多い※。

自分の教室がない

スクーリングでは、決まった時間に決められた教室に自分が移動し、授業を受ける。

※担任を置いている学校もある。

第2部

06

通信制高校の種類

いろいろな種類の学校があるからよく調べよう！

通信制高校には、「狭域の通信制」と「広域通信制」の２つがある。一般の通信制は１つの都道府県や隣接する県から生徒を募る「公立」、広域の通信制は、複数の都道府県から生徒を募る「私立」が多く、株式会社が運営する学校もある。また、通信制高校での勉強をバックアップしてくれる「サポート校」もあるよ。

狭域の通信制

１つの都道府県または、となり合った県で生徒を募集する。「公立」がほとんどだが「私立」もある。

広域通信制

複数の都道府県をまたがって生徒を募集する。
多くは「私立」。

サポート校

通信制高校ではない学校

「サポート校」は、高校の単位がとれるように学習を支援してくれる学校。ただし、必ず通信制高校に属し、スクーリングと試験は受ける必要があり、学費は両方にかかる。また、サポート校だけでは高校卒業にはならない。

07

“自力で学習”はけっこう大変。リスクも知ろう

通信制高校は、基本的に自分で教科書を見ながらレポートをこなし、決められた日時にスクーリングに出席しなければならない。また、回数も全日制の高校より少ないとはいえ、単位を修得するための試験もある。**卒業できるかは自分にゆだねられていると考えよう。**そのためにモチベーションを保ち続けなければならない。だから、3年間で74単位以上を修得することが困難な場合もあることを知っておこう。デメリットを解消して立派に卒業している先輩は大勢いるぞ！

何が大変？　考えてみよう

- **スクーリングに行くこと**
- **レポートを提出すること**
- **わからないことがすぐに聞けないこと**
- **自主学習で74単位を修得すること**
- **モチベーションを保つこと**

大変!?

そんなキミの心配はこれで解消！

↓

目標をしっかり持つ

指導が手厚い学校を調べる

登校があるコースに入学してみる

サポート校を利用する

歴史のある通信制高校だから進学も就職も安心

NHK学園高等学校

NHKが設立した日本初の広域通信制高校。
実績と信頼があるから安心して高校卒業が目指せる。

〈この学校の特徴〉

特徴1 NHKが設立した歴史ある高校

1962年に設立認可された日本初の通信制の高校。NHKが母体なので安心。

特徴2 「NHK高校講座」で効率よく学習

EテレやNHKラジオで放送される、「高校講座」で学習できる。

特徴3 ライフスタイルからコースが選べる

複数のコースがあるので、自分の状況に合ったコースが見つかる。

特徴4 生活スタイルは大学生のよう

自分で学習計画を立てて、自分のペースで学習できる。

特徴5 生徒の状況に合わせてサポート

学習のサポートだけでなく心のケア等のサポートが受けられる。

特徴6 学費が安心価格

授業料の就学支援金制度に申請でき、補習等による追加費用もかからない。

特徴7 卒業後の進路が相談でき、進学率も高い！

就職ガイダンスや履歴書の書き方、面接のレクチャーをしてくれる。

特徴8 協力校は全国に40か所以上

北海道から沖縄までスクーリング会場があり、自宅近くの会場が選べる。

＜NHK学園高等学校校長からのメッセージ＞

NHK学園高等学校　校長　篠原朋子先生

未来を生きるあなたは日本の「宝もの」です

ロケットで月旅行に行ったり、職場の隣の机でAIが仕事をしたりしている。

近い将来、こんなことがおこるかもしれません。あなたは、これまでのオトナが経験したことがない時代をつくりあげ、生きていくことになります。これからの未来を支えるあなたは、だからこそ、日本の「宝もの」だと私たちは考えています。

N学の3つの自慢

まずは施設。東京の本校はもちろん、全国の協力校はすべて高等学校。駅ビルの会議室ではありません。5教科はもちろん、音楽、体育……高校の学習がきちんとできます。その2は先生。1人1人の様子をしっかりとみて、次の道筋を熱心にきちんとアドバイスしています。どうぞ安心して相談してください。最後は生徒の皆さん！これまでの経験を自分が成長するための材料にして、卒業後それぞれの道をみつけています。大学進学、バレリーナ、ひきこもり経験をいかしたゲームクリエイター。同調圧力の無い環境の中で、自分らしさをいかして歩いていく姿は、本当にすてきです。

N学の学びは未来を「生きぬく力」の土台

自分で計画をたてて「ＮＨＫ高校講座」を視聴する。いつレポートに取り組むか自分で決める。「自学自習」の学びは**大学のようなスタイルです**。自由、でも自律していることが求められます。それをやりとげて卒業したとき、あなたは、**新しいミライを「生きぬく力」を獲得しています。**あなただけの未来を手にしてください。一緒に勉強を始めませんか？

〈自分のスタイルに合わせて選べるコース〉

効率よく学べるコース

●スタンダードコース

ネットでレポート提出!

スクーリング1~2回/月

ＮＨＫ高校講座の視聴と、パソコンを使ったレポート学習で、効率的に学習を進めるコース。スクーリングは月１～２回で、高校卒業資格に必要な音楽や家庭科などの実習を行う。レポートの記述式の問題は、先生が解説付きの添削をしてくれるので、試験や受験にも対応できる。

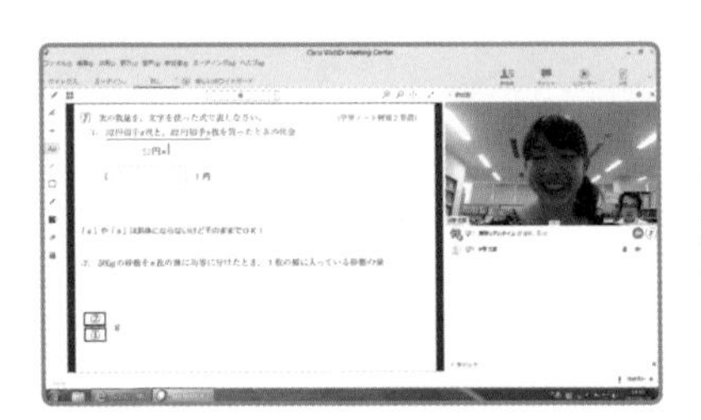

オンラインで学習

英語のヒアリング、書道などを動画で学習する。リアルタイムでの質問も可能。

先生がネットで対応

わからないところは、パソコンのカメラを通して先生に質問や相談ができ、心強い。

スタンダードコースには、他に 集中 と 海外 がある。

集中 普段はネット学習を進め、月１～２回のスクーリングのかわりに、年１回、基本４日間の集中スクーリングで受講するコース。

海外 普段は海外で生活しながらネット学習を進め、一時帰国してスクーリング４日間＋１～２日間の試験を受講するコース。

＼さらに登校日が少ない／

・ライフデザインコース

ネットでレポート提出!

スクーリング 1年次 年2～4日

スタンダードコースより登校日が少なく設定されたコース。登校日は、スクーリングと試験日を合わせて年間最低6日間程度。文部科学省の研究開発学校の指定を受け、学力だけでなく、「職業技術」を含めたカリキュラムになっている。

「職業技術」とは

料理や工作などの「生活実習」や自己表現を身につける「総合セッション」、簿記やものづくりなど、職業を意識したものを学ぶ。

＼通学したい人向け／

・登校コース

ネットでレポート提出!

スクーリング 週3日

※東京本校のみ

平日週3日、決まった曜日に登校するコース。クラスは少人数制。自宅でのレポート作成を学校でサポートする。

NHK学園独自のオンライン学習システムで安心して勉強できるよ

NHK高校講座がすごい！

Eテレやラジオ第２で放送されている「NHK高校講座」。NHK学園の生徒は、これを視聴してレポートを書いて提出する。教科書に準拠しており、多くの通信制高校で活用されている。
インターネット環境があれば、ホームページから誰でも見ることができるので、見逃したときはもちろん、気になったところは何度でも繰り返し見られるから安心だ。

NHK高校講座は、「国語総合」「日本史」「数学Ⅰ」など12教科・37番組。人気の声優が漢文を朗読したり、言語学者の金田一秀穂さんとタレントの滝沢カレンさんが、詩人・谷川俊太郎さんの自宅まで行き話を聞いたり、人気バンド・いきものがかりの水野良樹さんが詩をどう書いているかをレクチャーしてくれたりと、ユニークな講座が多くある。（2020年8月現在）

〈特別講座がすごい！〉

NHK学園では、毎年著名人を招いての特別講座が行われる。直木賞作家の重松清さんやジャーナリストの池上彰さん、生物学者の福岡伸一さん、NHK気象キャスターの平井信行さん、教育評論家の尾木ママこと尾木直樹さんなどから貴重な話を聞くことができる。これは、特別活動の時間として認められる。

〈卒業後の進学先〉

卒業率は90％以上で、毎年1,000人以上が卒業する。進学先は下のグラフのとおり。

4年制大学81校、短期大学31校、専門学校141校、計253校の指定校推薦がある。また、音楽系、ゲーム・コンピューター系、ファッション系、医療系、製菓系などいろいろなジャンルの分野に進学している。

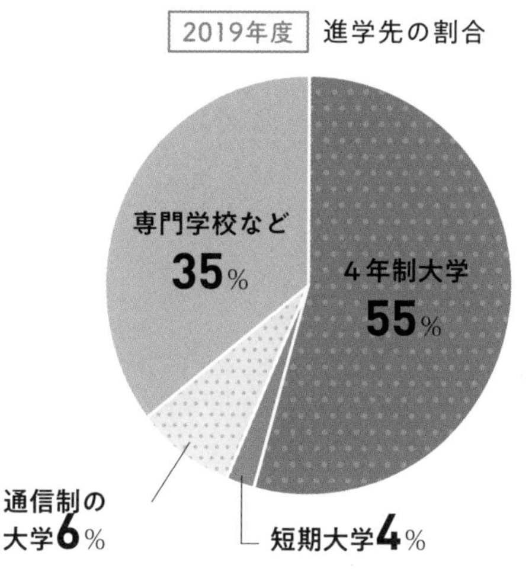

School data

〒186-8001
東京都国立市富士見台2-36-2（東京本校）
TEL：0120-451-424
URL：https://www.n-gaku.jp/sch/
学習センター、スクーリング、試験会場：東京本校をはじめ、北海道、仙台市、名古屋市、大阪市、広島市、福岡市など全国に46か所

通信制と定時制を併設している公立高校

東京都立
新宿山吹高等学校

都立で初の単位制の高校として約30年前に開校。
都内に住んでいれば応募が可能で、進学率も高い公立の通信制高校だ。

＜この学校の特徴＞

特徴1 大学のように自由！

制服がない。スクーリングでは、履修科目の時間に指定の教室へ行って受講し、空き時間は食堂等で過ごす。

特徴2 併修制度がある

併設している定時制課程と生涯学習講座で興味のある科目を1年間で10単位まで履修できる。

特徴3 公立高校だから授業料が安い

「高等学校等就学支援金制度」により授業料は実質無料となる。入学金や教科書代等は別途必要。

特徴4 進学率が高い！

試験に合格した人が入学しているので、進学への意識は高い。進学の資料は定時制課程と情報を共有している。

特徴5 無学年制で留年がない

1～3年という学年のしばりがない。3年間以上在籍し、74単位以上修得すれば卒業が認められる。

特徴6 NHK高校講座が活用できる

NHKのEテレ、NHKラジオなどで放送される「NHK高校講座」が自主学習の助けに。

公立の通信制は、各都道府県にあるよ

＜この高校で学べる学科＞

必修科目を含めて、自由に選択。卒業までに必要な74単位以上を履修する。なお、最長6年間在籍できる。

＼登校日が少ない／

・通信制課程（普通科）

レポート提出郵送OK！

スクーリングは土曜日

国語や数学、英語、日本史、生物など普通教科を自主学習で学ぶ。スクーリングは年24回予定され、すべて土曜日に受けることになる。レポートは郵送でもいいが、平日に登校して直接質問してもいいし、電話での質問もOKだ。

◆スクーリングは、全科目規定数の出席が必要

数学、国語などの座学以外に、自主学習ではできない、体育の実技、顕微鏡を使った観察や実験、調理実習や被服実習などが行われる。

◆部活動がある

硬式テニスや卓球などの運動部、日本舞踊や漫画研究、写真などの文化部があり、趣味を充実させている人も。

入学試験がある※

東京都立新宿山吹高等学校の通信制課程は、4月に入学試験（学力検査）を行う。試験科目は中学卒業程度の国語、数学、英語。ある程度の学力を必要とする。

※通信制の一部の高校には試験がある。

〈学習の進め方〉

学習は一般的な通信制高校と同じ。レポート、スクーリング、定期試験の3本柱が重要。

スクーリング

前期12回、後期12回

すべて土曜日に受講。科目ごとに決められた時間数以上出席しなければならない。ホームルームや部活動、生徒会などの特別活動もこの日に行われる。

レポート

期限内で提出必須

科目ごとにレポートの提出通数と、提出期限が決められている。

定期試験

試験合格のカギはレポート

定期試験は前期末、後期末の年2回。単位を修得するにはいずれの試験も合格しなければならない。日頃のレポートは真剣に取り組もう。

3年間で…

同時に自己管理能力も身につく

74単位以上クリア

NHK高校講座は学習の助けに

学校では、NHK高校講座の視聴を勧めている。各科目のレポートには放送予定が書いてあるので、見逃しも少ない。教科の理解だけでなく、学習のペースメーカーとしても役立つ。

この高校ならではの「併修制度」

「通信制課程」の他に、「定時制課程」と「生涯学習講座」が設けられている。年間でこれらの授業の科目や講座から10単位まで履修できる。

＜定時制課程＞

定時制1部の授業は8：40から始まり、4部の授業は21：10まで。

- 普通科　通信制課程と同様、国語や数学、地理歴史など、一般科目を勉強する。
- 情報科　情報システムやセキュリティ、ネットワーク、プログラミングなどの知識や技術を幅広く学べる。学校にはパソコン室があり、プロと同じソフトを使って学習する。

＜生涯学習講座＞

テニス教室や書道教室、コーラスなどを学べる講座が15あり、1年間かけて深く学習する。都内在住や勤務している人はだれでも受講が可能なので年齢層は様々。

卒業後の進路

受験のための授業はしていないが、学生の約30%が大学へ進学する。
進路を考えるための資料は、定時制と共用しており充実している。

大学、短大、専門学校などに進学する人は多い。受験に必要な基礎学力は、日々のレポートと定期試験などで身につけていこう。

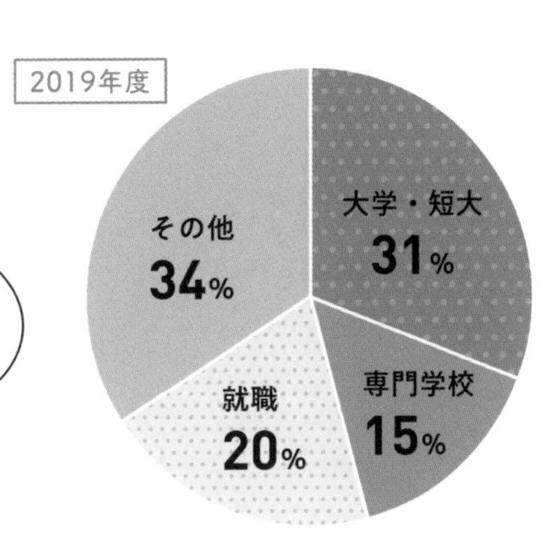

東大や早稲田などの大学進学も!

School data

〒162-8612
東京都新宿区山吹町81番地
TEL：03-5261-9771
URL：https://www.metro.ed.jp/shinjukuyamabuki-h/
入学試験、レポートの提出、スクーリング、定期試験はすべてこのキャンパス

自分のペースで学び得たことを将来に生かす

クラーク記念国際高等学校

“好きなこと・得意なこと”を伸ばせるように、「才能開花教育」を掲げて教育する学校。校長はプロスキーヤーで冒険家の三浦雄一郎氏。

〈この学校の特徴※〉

特徴1 パーソナルティーチャー制度

担任の先生を自分で選べる制度。生徒一人一人に寄りそってくれる。

特徴2 海外留学もOK!

英語教育に力を入れており、毎年多くの学生が留学プログラムを活用。

特徴3 わかるまで学習ケア

「LCC」=授業(Learn)、小テスト(Check)、補習(Care)でフォロー。

特徴4 指定校推薦枠は300以上!

早稲田大学、上智大学など、300以上の4年制大学の指定校推薦枠がある。

特徴5 最先端のWeb学習システム

単位修得や基礎学習、応用、大学受験にも対応したWeb学習システムを使用。

特徴6 将来を意識した多彩なコース

英語、IT、スポーツ、サイエンスなど、自分の「好き」が学べるコースがある。

レポート提出はコレで

学習システム Webキャンパス

クラークの学生は、一人一人が家庭学習用の端末を持つ。学校からのお知らせや単位修得の管理、レポートの提出、予習・復習、受験対策、電子図書館、先生への相談など、いろいろなことに使えるシステム。

※キャンパスによって少しずつ違うので、パンフレットを取り寄せてみよう。

〈通信型〉

＼Web学習＋オンライン授業＋コーチング／

●スマートスタディコース

Webでレポート提出！

登校日数 週1～5日

個別最適型の教育を提供するためにつくられたコース。ポイントは
①一人一人の目標に合った個別カリキュラムで安心して学習できる
②グループワークなどで、レポートや試験では学べない社会に必要な課題解決法を学ぶ
③コーチング担任のサポートのもと、自分で学ぶ力、学び続ける力を身につける
の３つだ。

▶３つのプログラムから選ぶ

スマートスタディⅠ

専門学校・就職などを目指す

通常のコース担任がつき、卒業までサポートする

- オンライン授業中心で学べる
- ホームルーム担任と学習方法を相談できる
- 空いている時間を有効に活用できる

スマートスタディⅡ

大学進学などを目指す

スマートスタディⅢ

難関大学進学などを目指す

（Ⅱ・Ⅲ共通）コーチング技術を習得した担任が、学習のサポートやストレスケアをおこなう

スマートスタディⅡ
- オンラインと対面授業の組み合わせで学ぶ
- コーチング担任のサポートで進路の実現へ
- 学校行事などの課外活動に参加できる

スマートスタディⅢ
- 好きなことや進路の実現に向け、コーチング担任とともに学習できる
- 特別進学、グローバル（英語）、プログラミングから選び学ぶ

＼登校日が少ない／

●単位修得コース

Webでレポート提出！

登校日数 月2～3日

登校数の少ないこのコースも担任制を導入している。ふだんはWeb学習システムを活用して学習を進め、スクーリングを受けるベーシックなコース。最寄りのキャンパスで直接指導を受けてレポート作成も可能。

〈通学型〉

＼学校に通いたい人に／

● 全日型コース

Webで
レポート
提出！

登校日数
週5日

全日制の高校と同じように、毎日登校するコース。通学型コースだからこそのカリキュラム設定がされており、やりたいことがある、好きなことを学びたい、これからやりたいことを探したい人はチャレンジを。担任制で、相談もできる。

＼制服があるよ／

▶ 設置されているカリキュラム[※1]の例

国際・英語
ネイティブの先生と学び、国際人を目指す

IT・プログラミング
ゲーム、ロボット、パソコンなどが専攻可能

保育・福祉・心理
専門的な知識と技能を身につけ資格取得へ

キャリアプランニング
基礎から進学対策までの学力を磨く

スポーツ
野球やフットサル、eスポーツなどに力を注ぐ

他にも、キャンパスにより「ダンス・演劇・音楽」「アート・デザイン」「動物」「サイエンス」「食物」「難関大学進学」などがある。

※1　キャンパスによって設置カリキュラムが違うので確認を。

「スマートスタディコース」と「単位修得コース」、「全日型コース」ともにコース変更が可能[※2]。

※2　ただし教員との面談など条件が必要。

卒業後の進学先

指定校推薦が300校以上で約1,400人分の枠があるので、推薦での大学入学も狙える。北海道大学や大阪大学、東京藝術大学、早稲田大学、慶應義塾大学をはじめとする難関大学への合格者もたくさんいる。

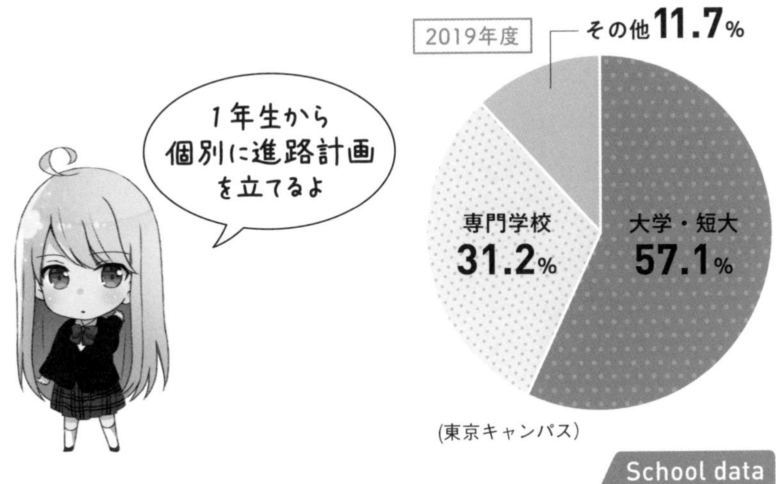

(東京キャンパス)

School data

〒078-0151
北海道深川市納内町3丁目2-40（北海道本校）
TEL：0120-833-350
URL：https://www.clark.ed.jp/
【学習センター・協力校、キャンパス所在地】深川・旭川・札幌大通・札幌白石・秋田・仙台・いわき・さいたま・千葉・秋葉原・横浜・前橋・長野・岐阜・福井・静岡・名古屋・奈良・京都・大阪梅田・神戸三宮・岡山・鳥取・米子・高松・岩国・福岡・大分・佐賀・長崎・熊本・宮崎・鹿児島・沖縄など

中学卒業 → クラーク記念国際高等学校入学

現在の高校に入り、中学のときの自分とがらりと変わり、楽しんでいるという方に話をうかがいました。

自分の興味や関心で道は切りひらいていける

―――― 三宅快道さん（高校在学中）

――「通信制高校」を選ぼうと思ったきっかけは?

もともと中学校の時はあまり学校へ行けていなくて、成績が足りず困っていたところに「クラーク記念国際高等学校」を見つけました。

最初は横浜キャンパスに通おうと思いましたが、生き物に興味のあったぼくは、東京キャンパスに「ペット生命科学コース」があると知って、ここしかないと思い、決めました。

――現在の高校に入学してから、どのような生活を送っていますか?

「ペット生命科学コース」は、ペットシッターやアニマルセラピー、動物医療看護、生物学など、はば広く学べるコースです。

ぼくは、その中でも海洋学に興味があるので専攻しています。実際に外に出て自然の変化について学ぶフィールドワークがあって、他の学校ではできない専門的なことに高校のうちから触れることができます。だから毎日学校に行くのが楽しみです。昨年は、小笠原在来生物保護協会のインターンシップや、ハワイでのサイエンス留学、ボランティア活動などをすることができました。ぼく自身とても成長できたと思います。

――とても楽しい学校生活を送っているのですね。

はじめは２時間かけて学校に行くことや、学校生活への不安が大きく戸惑いもありました。でも実際に通い始めると､学校では一人ではなく、趣味や考えの合う仲間がいたり、常に応援してくれ力になってくださる先生方がいてくれたり、とても充実した毎日です。長距離通学ではありますが、それほど苦にならず楽しんで学校へ行っています。自分の行動や視野範囲も広がったり、いろいろな物事への興味関心が持てたりと、二倍充実した日々を送っています。

――「クラーク記念国際高等学校」に通うメリットって何でしょう？　また、デメリットがあったら教えてください。

メリットは、「自分の好きなことや得意なことが学べること」「習熟度でクラスが分かれているので、自分のレベルにあった勉強を、自分のペースでできること」ですね。

デメリットは、しいて言えば「報告課題などといった、足りない時間の勉強を自ら進める必要がある」ことかな。

――勉強以外のことではいかがですか？　友達とか。

学校では「自分」を出すことができるんです。同じ興味や境遇を持つ友達と話したり遊んだりと、コミュニケーションを取るのがとっても楽しくて。この高校で、ぼくと同じように、中学時代、学校に行けていなかったという体験をしてきた友達もいます。それとは真反対の友達もいる。様々な人と関われたことが、中学で学校に行けなかった自分を変えてくれました。また、生徒に寄り添ってくれる先生たち、インターンシップや留学、合宿のような自分の学びたいことができるプログラムなどが、ぼくに将来の希望を見つけさせてくれました。

――これからの目標などはありますか？

これまでは目標や夢が漠然としすぎていて、どこからどう決めたらいいか、選択肢すらなかったのですが、ここでの幅広い高校生活によっていろいろな経験や体験、またそこで出逢った人との関わりの中で、方向性を知ることができました。今はまだやりたいことはいろいろあって、1つに決めることはできていませんが、これらの経験で自分なりに絞っていきます。

――今悩んでいる中学生、高校生に向けて、背中を押す言葉をぜひ！

高校のことで悩んでいる方は、自分の興味のあるところから学校を選ぶといいかもしれません。迷っているなら難しく考えずに、まず自分の好きなことからやってみる。そこから経験や出会いによって道が開けてくるはずです！

公立高校転出 → NHK学園高等学校転入

全日制の高校が窮屈で飛び出し通信制高校へ。
自分に合った場所を見つけた高校生に話をうかがいました。

出会った先生や友達のおかげで自分に自信が持てるようになった

――――――――― 加藤さん(スタンダードコース・在学中)

――「通信制高校」を選ぼうと思ったきっかけは何ですか？

以前の高校では友人関係や勉強面において不満はなかったのですが、いることが窮屈になり転校を考えていました。様々な学校を見学し、中でも通信制が1番自由な雰囲気だと思ったので転校を決めました。

――不安はなかったですか？

もちろん生活のサイクルが崩れないか、人との交流が少なくなるのではないか等不安はありました。でも見学に行ってみると、一気にイメージが変わったんです。先生方は相談にのってくださいますし、部活動や委員会で友人をつくる機会もありました。実感としては勉強する形と場所が変わったなーと思うくらいです。

―― NHK学園に入学してから、どのような生活を送っていますか？

生活サイクルを崩さず、コミュニケーションを人とできるだけとれる環境にいようと思い、平日は毎日学校に通っています。

勉強面では月に1回あるスクーリングに加え、1年生の時は「進級しないと」と思い必死にレポートをやっていました。2年生からは大学受験を考えていたこともあったので塾に通い、レポートと受験勉強を並行してやっています。

―― 勉強以外のことで何か取り組んでいることは？

勉強以外では部活や委員会に参加しています。大会や生徒会の企画でいろいろな場所へ行き、友人もできました。

他にも、自分で留学計画を立てて資金集めのためにアルバイトもしました。とてもよい経験になりました。

——NHK学園に通ってよかったと思えるところと、大変なところは?

自分の時間が増えたことと、いろいろなバックグラウンドを持つ人と関わることができることです。全日制の時は時間軸の上を生活が流れるように過ぎていましたが、**通信制では目標に向かって今自分のやるべきことを自分のペースで考えることができます。**大変ではありますが達成感・充実感があります。また、年齢や国籍、学力も異なる人たちがNHK学園には集まっているので多様な考え方を知ることができて面白いです。

大変だなと思うところは、自分の生活を確立していかなければいけないことです。最初私は朝起きる時間や学校へ行く時間などが崩れないように、かなり緊張した生活を過ごしていました。慣れてしまえば力も抜けてくるので、今となってはとても大きな負担だったとは思いません。

——「NHK学園高等学校」を選んだからこそ、今があると感じることはありますか?　それはどういうときですか?

NHK学園では自分次第という面もありますが、いろいろな人と交流する機会や場所がありますし、先生方も親切でバラエティ豊かで、干渉されることもありません。また、困っていることがあった時には相談にのってくださいます。このような特徴があるからこそ私は自分に自信がもてるようになりました。今までは「枠に収まらないと」と思っていましたが、自発的に行動し、様々な人と交流したことで、進路についても主体的に考えられるようになりました。

——進路に悩む方たちに一言メッセージをお願いします。

私は以前の高校が窮屈だと思い通信制の高校に転校しました。転校することで今後の進路に影響があるのでは、と不安があったとしても結局は自分次第かと。ここに安住していればいいという場所はありません。そう考えてみると目標に向かっていくという居場所の候補の1つに、通信制の学校を入れてみるのはどうですか。今は様々な選択肢があり、選ぶことができます。選択肢を増やすことはかなり労力を使いますが、情報収集や見学会に行くことで新しい発見ができると思います。きっと自分に合う居場所を見つけられると思いますよ。

公立高校中退 → NHK学園高等学校 → 専門学校進学

公立高校から通信制高校へ編入。
目標を見つけ、頑張っている卒業生にうかがいました。

好きなことに費やした時間は きっと将来の糧になる！

―― 石鉢さん（専門学校生）

――なぜ通信制高校を選ぼうと思ったのですか？

公立高校に通っていたのですが、途中で苦しくなってしまったので中退して通信制高校を選びました。迷いはとてもありましたが、公立高校を中退したままではよくないと思ったので、ブランクをつくらずにすぐに編入を決めました。

――数ある通信制高校からNHK学園の、「ライフデザインコース」を選んだ理由、またはきっかけは何ですか？

NHK学園の「ライフデザインコース」は、1年間の登校回数が比較的少なかったので、続けられる気がしたんです。ネット授業も単位認定にある程度入ることもあって選びました。それに、スクーリングの場所も通いやすかったことも決め手の1つです。

――NHK学園に入学してから、どのような生活を送っていましたか？

在学中は昼間にバイトをしたり、バイトが休みの日は、図書館で勉強をしたりしたこともありました。でも、わりと好きなことをしていることが多かったですね。絵を描くのが好きなので、よく家で絵を描いていました。

――通信制高校に通うメリットって何だと思いますか？　逆にデメリットは何でしょう？

メリットは自分のペースで勉強できることだと思います。わからないことも電話やメールで先生に聞いたりできますし。

デメリットは、しいていえば友達に会う機会がなかなかないことだと思います。

——NHK学園を選んだからこそ、今があると感じることはありますか?

無理をして、あのまま公立高校に通っていたら、きっと今の自分はなかったと思いますね。私が通っていた「ライフデザインコース」は登校日が少ないコースで、同じコースにはきっと苦しい経験をしてきた人がたくさんいたと思うんです。友達と分かり合えたときは、この学校にしてよかったって感じました。

——卒業してから、どんな生活を送っているのでしょうか?

保育士になりたくて、保育の専門学校に通っています。毎日、ピアノの練習をしたり、保育に関わる本を読んだりするのが楽しくて。保育士になることが楽しみで、わくわくが止まりません。

——夢に向かってとても楽しそうですね。

はい。保育士を目指していて…。絵を描くことがとても好きなので、高校のときも描いてましたけど、保育の勉強のかたわらほぼ毎日絵を描いています。

高校生のときは、これって将来役に立たないんじゃないかと思っていたけれど、保育士になると決めたとき、「特技にできるのでは!?」とうれしくなりました。

——今後チャレンジしたいことはありますか?

今後は絵だけではなくて、保育士になったときに自分の武器が増えるようにしたくて。工作なども特技にできるように、もっとチャレンジしたいと思っています。

——最後に、悩んでいる中学生、高校生に向けて、背中を押す言葉をいただけますか?

通信制の高校でも楽しく過ごせるので、抵抗を持たなくても大丈夫だと思いますよ。**高校生活は何度でもやり直せると思うので、心配しないで、無理せずに何回もスタートを切ってほしいです。**

全国の広域通信制の高校一覧

本部のある都道府県に学校名を掲載しているよ。

文部科学省HPの資料(令和2年4月)を参考に作りました。

都道府県	学校名
北海道	クラーク記念国際高等学校
	札幌自由が丘学園三和高等学校
	星槎国際高等学校
	酪農学園大学附属とわの森三愛高等学校
	北海道芸術高等学校
青森県	青森山田高等学校
宮城県	仙台育英学園高等学校
	仙台白百合学園高等学校通信制課程
	飛鳥未来きずな高等学校
福島県	大智学園高等学校
	聖光学院高等学校
茨城県	鹿島学園高等学校
	晃陽学園高等学校
	翔洋学園高等学校
	第一学院高等学校高萩校
	つくば開成高等学校
	ルネサンス高等学校
栃木県	日々輝学園高等学校
埼玉県	大川学園高等学校
	霞ヶ関高等学校
	国際学院高等学校
	志学会高等学校
	松栄学園高等学校
	清和学園高等学校
	創学舎高等学校
	武蔵野星城高等学校
千葉県	あずさ第一高等学校
	敬愛大学八日市場高等学校
	中央国際高等学校
	明聖高等学校
	わせがく高等学校
東京都	NHK学園高等学校
	大原学園高等学校
	科学技術学園高等学校
	北豊島高等学校
	聖パウロ学園高等学校
	東海大学付属望星高等学校
	目黒日本大学高等学校
	立志舎高等学校
神奈川県	鹿島山北高等学校
石川県	美川特区アットマーク国際高等学校
福井県	青池学園高等学校
山梨県	甲斐清和高等学校
	自然学園高等学校
	駿台甲府高等学校
	日本航空高等学校
長野県	ID学園高等学校
	コードアカデミー高等学校
	さくら国際高等学校
	地球環境高等学校
	天龍興譲高等学校
	松本国際高等学校
	緑誠蘭高等学校
岐阜県	中京高等学校

	啓晴高等学校
愛知県	ルネサンス豊田高等学校
三重県	徳風高等学校
	代々木高等学校
滋賀県	ECC学園高等学校
京都府	京都共栄学園高等学校
	京都芸術大学附属高等学校
	京都廣学館高等学校
	京都美山高等学校
大阪府	向陽台高等学校
	長尾谷高等学校
	八洲学園高等学校
	ルネサンス大阪高等学校
	YMCA学院高等学校
兵庫県	AIE国際高等学校
	相生学院高等学校
	第一学院高等学校養父校
奈良県	飛鳥未来高等学校
	関西文化芸術高等学校
	奈良女子高等学校
	日本教育学院高等学校
和歌山県	慶風高等学校
	高野山高等学校
	和歌山南陵高等学校
島根県	明誠高等学校
岡山県	岡山理科大学附属高等学校
	鹿島朝日高等学校
	興譲館高等学校
	滋慶学園高等学校
広島県	東林館高等学校
	並木学院高等学校
山口県	松陰高等学校
	精華学園高等学校
香川県	禅林学園高等学校
	高松中央高等学校
愛媛県	今治精華高等学校
	未来高等学校
	日本ウェルネス高等学校
福岡県	川崎特区明蓬館高等学校
	第一薬科大学付属高等学校
	福智高等学校
長崎県	こころ未来高等学校
熊本県	くまもと清陵高等学校
	一ツ葉高等学校
	勇志国際高等学校
大分県	大分県立爽風館高等学校通信制
鹿児島県	神村学園高等部通信制課程
	屋久島おおぞら高等学校
沖縄県	N高等学校
	つくば開成国際高等学校
	ヒューマンキャンパス高等学校
	八洲学園大学国際高等学校

column

レポート提出、スクーリング、試験…なんだか心配
通信制高校のフォロー体制って？

通信制高校に入学・編入すると、レポートをこなし、スクーリングに参加し、試験に合格して単位を修得していくことになります。でも、これらを自分で管理するのはなかなかハードルが高いと言えます。

学校は、生徒を3年間で卒業させたいと思っています。でも、生徒が抱える状況は個々によって違い、全員がスムーズに単位を修得できるわけではありません。そのため、生徒が単位を落とさないための工夫を独自でしています。例えば、

A校…レポートの締め切り日やスクーリングの日程、忘れ物のないよう持ち物などをホームページや手紙で知らせている

B校…SNS等で、レポートの締め切り日の確認やスクーリングの情報を一定の周期で全員に一斉配信している

C校…担任が、「このレポートの締め切りは○月末だよ」「いつまでに出さないとスクーリングが受けられないよ」などと、個々の生徒に直接、あるいはLINEなどでマメに働きかけている

D校…学校のサイトに、個々にログインしてレポートの提出状況や単位の修得状況などをいつでも見られるようにし、それを生徒本人だけでなく親とも共有できるようにしている

のように、学校の規模や体制によってフォローの仕方が違います。ですから、学校説明会やオープンキャンパスに参加して学校から話を聞き、体験授業などに参加して入学後に何が心配かを相談しておくと対応を考えてくれることもあります。親子で安心できる学校を選びましょう。

第3部

高校脱出ルート3

特修生制度

中卒から
大卒という方法

第3部

特修生制度の特徴

01

高卒資格なしで大学入学を目指せる

特修生制度とは、国が定めた**「高校卒業の資格がない人でも、必要な単位を修得すれば、その大学の入学資格が得られる」**という、ありがたい制度。高校を卒業していなくても、高校卒業認定を受けていなくても、特修生の制度がある大学に登録ができる。

登録したらその大学の「特修生」となり、大学が用意している受講科目から16単位以上を選び、決まった期間で単位を修得し正式な大学入学を目指す。

なお、「科目等履修生」や「入学資格取得生」など、制度の名前が違う大学があるから確認しよう。

大学に申し込んで履修登録する

「特修生」として大学の授業を受ける

「正科生」として入学！

02

利用できるのは通信制の大学。どうやって入るの？

特修生として登録するための条件は、満15歳以上または満18歳以上（大学によって違う）であること。パソコンを持っていてインターネットができる環境があれば、あとは書類を提出すればOK。**この制度を設けている大学の多くは、通信教育を実施している大学だ。**また、**通学制の大学で「通信教育部」がある学校にも、特修生制度を設けている場合がある**からチェックしよう。

ちなみに、高校を卒業していなくても大学入学・卒業のチャンスが得られる「特修生」は、案外知られていない制度なんだ。

入学試験はなし！

- **満15歳以上または満18歳以上であること※**
- **高校卒業資格や高卒認定をもっていないこと**
- **書類を提出すればOK!**

“通信制の大学”って何？

大学には、毎日キャンパスに通って学ぶ通学制の大学と、通わずに通信で学べる通信制の大学がある。
もともと高校を卒業して働いている人が、学位をとってキャリアアップをするために利用したり、一生学び続けたいという「生涯学習」が目的で利用したりする人のためにつくられた。

※大学によって出願資格の年齢が違う。

第3部

特修生制度のしくみ②

03

大学に毎日行かずに単位がとれる！

特修生として認められたら、大学が指定する科目を16単位以上履修する。多くの大学では、一般教養だけでなくいろいろな科目が履修できるように工夫されている。これらの科目は正科生と同じ科目なのでやりがいはバツグン！

スクーリングや試験には、大学に行く必要がある科目もあるが、基本的には通学しなくていいスタイルだ。

決められた科目の単位を修得すれば、その大学の「正科生」としての入学が許され、晴れて大学生になれる。

第3部

特修生のここがすごい！

04

高校を飛ばして興味のある勉強ができる

全日制の高校では、決まった教室で、クラスの一員として、同じ時間割で、クラスのみんなと同じ授業を受けるのが当たり前。体育や音楽、書道などの実技、苦手な科目もひと通り勉強しなければならない。

でもこの制度は、高校を卒業をしていなくても、**自分の興味のある学部や学科から大学を選び、興味のある科目を履修して勉強できる。**

しかも特修生になるための試験はなしだ。さらに周りはきみと同じことに興味を持つ人ばかり。これほど心強いことはないだろう。

自分の好きなこと、学びたいことを考えよう

↓

高校を飛ばす

自分が興味をもった学部・学科のある
大学を選び、特修生に登録

↓

正科生になって好きなことを深く学ぶ！

05

質の高い科目を安く履修でき、大卒も可能に！

通信制の大学および通信教育部がある大学は、情報系、心理系、教育系など、専門性の高い大学が多い。自宅での自学自習がメインなので、**教科書やテキストは、学生が読んで理解できるように工夫されている**。しかも学費が通学制の大学よりも安く、勉強が自分のペースでできるのは大きなメリットだ。また、特修生で得た16単位は、正科生になっても引き継げる大学が多い※1。

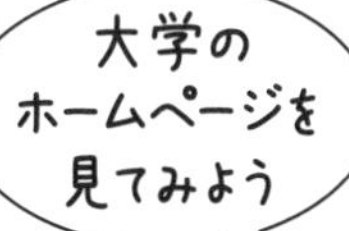

質の高い勉強ができる

その大学でしか勉強できない専門分野を持っている。きみの興味のある分野とぴったりなら、高いレベルで勉強ができるよ。

自分のペースで大卒も可能

インターネットでの勉強だから、自分の好きなときに好きな場所で勉強ができる。正科生になれば大学卒業も夢じゃない。

学費は通学制大学の¼

1単位×5,500～10,000円程度※2。大学に通わない分、学費が安く抑えられる。

※1　引き継げない大学もあるから注意。
※2　1単位の価格は大学によって違う。

第3部

特修生制度のデメリット

06

中卒がイヤなら正科生を目指せ!

自分のペースでレポートを書き、スクーリングに参加し、試験を受けるということには、いくつかデメリットがある。途中で挫折せずに正科生を目指すためにも、「自分の興味のある科目が選べる大学」や「サポートをしっかりしてくれる大学」など、**やる気が続くような大学をじっくり選ぼう**。

何が大変？　考えてみよう

- 自分で全て管理しなければならない
- 満18歳にならないと正科生になれない
- 16単位とっても、他の大学への入学資格はない
- 卒業できないと最終学歴（中学校卒業）のまま

そんなキミの心配はこれで解消！

↓

大学生気分で自己管理しよう

塾などで勉強して備えよう

正科生になろう！

この大学！と決めて入ろう

経営と情報のスペシャリストを目指せる

北海道情報大学（通信教育部）

全国で初めて、衛星通信による大学教育をスタートさせた大学。
現在は、インターネット上で学習する形態(eラーニング)により、
スクーリングに通わずに卒業可能な環境を整えている。

＜この大学で学べること＞

経営情報学部
- 経営ネットワーク学科
- システム情報学科

「経営」と「情報」をミックスさせた学部と考えよう。

AI（人工知能）を中心とした情報技術はどんどん進化し、IT機器を駆使したビジネスが今後ますます発展していくことは間違いない。また、ITを使いこなし、かつ経営の知識やスキルをもった人材はより重宝される。経営情報学部では、AIを理解するうえで欠かせない情報技術と、経営学の基礎をしっかり学ぶことができる。

学科は「経営分野」「情報分野」の２つに分かれているが、共通した履修科目も多い。また、文系・理系の枠組みなく学習できるようになっている。

２つの学科をくわしく見てみよう。

経営ネットワーク学科

いま社会で注目を集めているe-ビジネスに着目。インターネットを活用した新しいビジネスの構築やネットワークの理解と創造、さらにネットワークによって可能になる海外進出のためのコミュニケーション能力の養成など、現代社会にマッチした企業経営を学ぶ。
履修科目は、「情報リテラシー」「コンピュータサイエンス入門」「プログラミング基礎」「ネットワークセキュリティ」など、実践的なものが多い。

▶ 目指せるモデル例

経営管理システムスペシャリスト
企業間の争いに勝ち残るための、多角的な視野と柔軟な判断力を養う

e-ビジネススペシャリスト
ネットビジネスの経営に関する知識や、起業ノウハウを身につける

グローバルビジネススペシャリスト
国際化が進む近未来のビジネスに役立つ、グローバルなセンスを身につける

選べる科目は自由。「モデル例」にとらわれなくてOK

● システム情報学科

社会で求められているSE（システムエンジニア）、つまり企業の経営活動を理解し、最先端の情報技術を駆使して人に優しいシステムを実現し、企業で活躍できる人材の育成を目指す学科。おもに産業界のニーズに直結した科目を学ぶ。

▶ 目指せるモデル例

情報テクニカルスペシャリスト

最新のトレンドを知り、快適なシステムを提案できる知識を身につける

情報技術基礎

プログラムの仕組み、プログラムの設計など、パソコンの基礎を学ぶ

情報システム開発スペシャリスト

コンピュータシステムを設計するSE（システムエンジニア）を目指す

健康情報

医療、健康、食品を情報と組み合わせビジネスに活用する学習をおこなう

自分の思うスペシャリストを目指そう

〈この大学の特徴まとめ〉

特徴1 必修科目がない！

好きな科目が履修できる。英語や心理学も学べる。

特徴2 学費は4年間で約100万円と安い

通学制の大学の4分の1ほどですむのは魅力的。

特徴3 ネット学習でスクーリング不要

ネット授業を活用して、スクーリングに通わずに卒業も可能。

特徴4 科目試験のチャンスが年4回ある！

学習が終わったら試験を受けよう。合格するまで何度も受験可能。

特徴5 パソコンが好きなら大丈夫

パソコンの基礎が学べる科目もあるので安心してスタートできる。

特徴6 試験会場とスクーリング会場は全国に

科目試験会場は18か所、スクーリング会場は14か所ある。

特徴7 特修生から入学を目指せる

入試がなく、満18歳以上なら誰でも申し込みでき、特修生になれる。

特徴8 「無限大キャンパス」で自己管理

大学のポータルサイト。履修登録やレポート提出などができる。

School data

〒069-8585
北海道江別市西野幌59番2
TEL：011-385-4004
URL：https://tsushin.do-johodai.ac.jp/
通信教育部スクーリング会場、試験会場は、ホームページでご確認ください。

人間の本質を学び、
社会を生き抜く力を養うことを目指す

人間総合科学大学（通信教育課程）

私立大学としてはじめて通信教育課程のみで開校。
「こころ」と「からだ」に焦点をあてた、教育と研究を行っている。

〈この大学で学べること〉

人間科学部 ―― 心身健康科学科

通信教育課程は「心身健康科学科」のみ。

少子高齢化社会、高度情報社会、経済や文化のグローバル化など、日々激しく社会が変化している中で、「人間とは何か」をテーマに、未来のために「生きる力」と、社会のために「活かす力」を養うことに力を入れている。そのために、「こころ」「からだ」「文化」の3領域を総合的に学び理解を深めるようになっている（くわしくは右ページ）。

卒業時は、学士（人間科学）の学位が与えられるのはもちろん、認定心理士や心身健康アドバイザー、心身健康レクリエイター、必要なカリキュラムを履修し修得することで養護教諭（保健室の先生）など、いろいろな資格を得ることが可能。人のからだやこころのケアに興味のある人、医療サービスの仕事に就きたい人にはおすすめの大学だ。

心身健康科学科についてくわしく見てみよう。

心身健康科学科

2000年の大学創設時に開設された学科。「こころ」「からだ」「文化」の3領域を総合的に学べるようになっているのが大きな特徴。3領域を総合的に学ぶことで、人間の健康や命、心身の発達、成長などを学び、身につくようなカリキュラムになっている。
この3領域ではそれぞれ何を学ぶのか、下を見てみよう。

▶ 学科で学ぶ３領域

こころ
脳科学・心理学から、人間の心の奥底を理解する
（精神の理解）

からだ
生理学・保健学を学ぶことで、人のからだ・保健について理解する
（保健の理解）

文化
人間が築き上げてきた文化、文明、芸術、宗教を理解する
（社会の理解）

3領域を学ぶと、人間の本質がわかるらしい

ここに取り上げる履修モデルは、ごく一部。履修科目は100以上あるので、自分の志向や興味に合わせて選べばいい。学んだ知識が「よりよく生きるための知恵」として生かされ、現在の複雑な社会を生き抜く力になるよう、カリキュラムが工夫されている。

▶履修のモデル例

「こころ」の健康を学ぶ

心理学の基礎が中心。「こころ」と「からだ」の相関についての知識や、人間を総合的に理解する力を身につけていく

「こころ」「からだ」「文化」を総合的に学ぶ

「こころ」「からだ」「文化」それぞれの視点から、人間の「自立と共生」の精神と、行動を伴った社会人を育成する

「からだ」の健康を学ぶ

人間の身体にスポットを当てた履修プランで、体の構造や機能、発達心理学など、健康を理解する

「文化」と「社会」から「いのち」を学ぶ

「なんのために生きているのか?」をテーマに、人間の生と死を総合的に理解し「生きる力」を育む

必修科目は
3領域が学べる
ようになっているよ

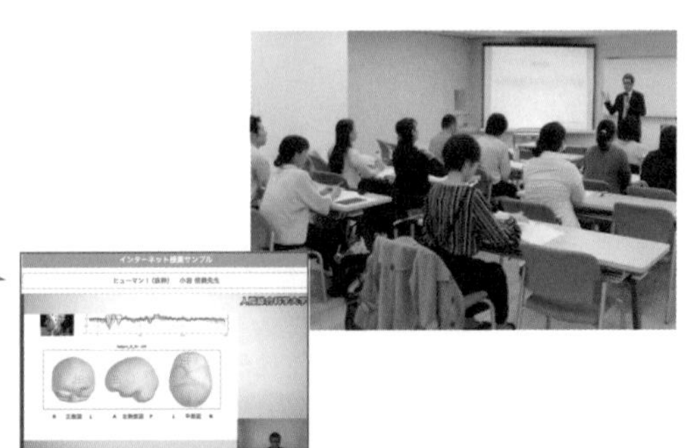

この大学の特徴まとめ

特徴1 スクーリングや試験はネットでOK

課題のレポート提出はもちろん、総合演習以外の履修科目が、インターネット授業・インターネット試験で修得が可能。

特徴2 履修科目は100以上！

自由に選択ができるよう、100科目以上のカリキュラムが用意されている。理解度や達成度に合わせて段階的に学べる。

特徴3 担任制度で学生をサポート

学習面のわからないところ、困ったところが気軽に相談できるように担任制度を設け、学生をきめ細かくサポートしてくれる。

特徴4 授業料は安心の定額制

1単位当たり約5800円の定額制。テキスト・ネット・スクーリングの履修科目受講料などがすべて含まれているので安心。

特徴5 必修の「総合演習」はマンツーマン指導も

履修科目で唯一卒業論文のある「総合演習」。指導教員によるマンツーマンの指導を受けながら、作成を進めていくので心配がない。

特徴6 「科目等履修生」から正科生へ入学可能

満18歳以上で、「科目等履修生」(=特修生)に登録して必要科目16単位以上取れば正科生になれる。

School data

〒339-8539
埼玉県さいたま市岩槻区馬込1288（蓮田キャンパス）
TEL：048-749-6111
URL：https://www.human.ac.jp/index.html
※東京サテライトが新宿区にあります。

「学びたい」の思いを大切にする大学

近畿大学（通信教育部）

創立約100年の伝統のある大学。世界で初めてクロマグロの養殖に成功し、「近大マグロ」が有名になった。通信教育部には、法律を学ぶ4年制、経営を学ぶ2年制がある。

＜この大学で学べること＞

法学部 ― 法律学科

法学とは、法律について研究・考える学問。法治国家である日本は、国と法律がイコール（＝）でつながっている。法律によって政治が行われ、私たちの周りにも常に法律が密接にかかわっており、生活に直結している。
通信教育部の法学部では、六法を中心に法律の基礎を学ぶが、その法律の内容や意味を知っていることは、生きるための強みになるということだ。

法学部 法律学科(4年制)

六法（憲法、刑法、民法、商法、刑事訴訟法、民事訴訟法）科目を中心に法律の基礎を学ぶ。この学科では、社会で生かせるような広い視野と、様々な問題を解決するスキルを身につけることを目的としている。
卒業の際は、学士（法学）の資格と、税理士や社会保険労務士の国家試験の受験資格を得ることができる。

▶ 学科で学ぶ4領域

社会に対する広い視野
広い視野をもって社会の変化に対応する

人格の陶冶
「人に愛される人、信頼される人、尊敬される人」へと自分を向上させる

問題発見・解決能力
法学の知識を活用して社会に存在する問題を発見し、柔軟に解決する

専門分野の知識・理解
各法律の基本的な知識を修得・理解する

＼2年制もある！／

短期大学部 商経科

経営、経済、商業の3分野の角度から、簿記や会計学をはじめ、証券論・不動産論・中小企業経営論など、現代の社会で必要とされる実学を重点に置き学ぶ。この学科は、ビジネスパーソンとして社会に貢献し、社会に求められる人材を育てることを目的としている。

近畿大学は「学びたい者に学ばせたい」がモットー。これは、初代総長の世耕弘一先生の強い理念として受け継がれる。通信教育部の学生も、通学課程の学生も区別はない。

通信教育部の学生のメリットの一つは、通学課程の学生と同じ大学施設が利用できること。

通信教育部の学生の拠点は、東大阪キャンパス。ここにはアカデミックシアターや英語村E^3などのユニークな施設があり、自由に利用することができる。

アカデミックシアター

ガラス張りの近代的な
建物が魅力的

2017年にオープンした、1～5号館までの大型施設。国際交流を目的とした学習施設やホール、24時間利用できる自習室、図書館、カフェなどがある。学生が学部を越えて繋がれる場を目的としていて、5号館が1～4号館の中心にくるように建物がつながっている。なお、学術書などは別の図書館にあり、ここの図書館には漫画や新書、文庫など学生が親しめる本を置く。

英語村E^3

英語しか話しては
いけない！

「遊びながら英語を楽しく学ぶ」をコンセプトに2006年にオープンした「英語村E^3（イーキューブ）」。ここで話せるのは英語のみで、漫画コーナー（漫画も英語）やバスケットコートなどもある。外国人スタッフが常駐しているという徹底ぶり。

英語が苦手でも
克服できるかも！

他にも、音楽公演やシンポジウムなどを行う「11月ホール」、コンビニやフードコートがある「BLOSSOM CAFE」などいろいろな施設がある。

この大学の特徴まとめ

特徴1 eラーニングで単位が取得可能

卒業ゼミナール（2泊3日のスクーリング）以外はネットで単位が取れる。

特徴2 安心価格の学費

学費が4年間で約63万円、短期大学部で約33万円と安い。※その他面接授業テキスト・卒業ゼミナール宿泊費など必要。

特徴3 通学課程と同じ施設が使える

図書館や自習室、英語村E^{3}などが通学課程の学生と一緒に使える。

特徴4 通学過程と同じ「卒業証書」

法学部では学士（法学）、短期大学部では短期大学士（経営学）の学位が与えられるだけでなく、卒業式には通学課程と同じ卒業証書が受け取れる。

特徴5 レポートは何度でもチャレンジOK

レポートは合格できるまで何度でも再提出ができる。

特徴6 特修生から入学を目指せる

「大学入学資格認定コース」があり、単位を修得すれば、正科生への入学資格を得ることが可能になる。

特徴7 図書館司書を目指すことも可能

通信教育部は、図書館司書の資格が取れる履修科目がある。年間約1,000人が図書館司書資格を取得。

特徴8 卒業生が学習のサポートに

学習の行き詰まりや疑問は、卒業生のインストラクターがサポート。

School data

〒577-8502　大阪府東大阪市小若江3-4-1（東大阪キャンパス）
各キャンパス（奈良キャンパス、和歌山キャンパス、広島キャンパス、福岡キャンパス、九州短期大学）の図書館は自由に利用可能。
詳しくはホームページでご確認を。

資料請求はこちらから

ふつうの暮らしの幸せを支える福祉のプロを目指す

日本福祉大学（通信教育部）

社会福祉学部や健康科学部など、福祉系の4年制大学では日本で最も歴史がある。通信教育部には7,000人以上の学生が在籍する。

〈この大学で学べること〉

福祉経営学部 — 医療・福祉マネジメント学科

この大学では福祉をひらがなで「ふくし」と書く。“福祉”というと、介護やボランティアのイメージが強いかもしれないが、実際は、障害者のケア、子育て、医療や貧困問題なども含まれる。ハンセン病の患者と関わり福祉の道へ進んだ鈴木修学氏は、「社会事業を通じて、わが人類のために自己を捧げることを惜しまぬ志の人を、現実の社会に送り出したい」という思いでこの学校を創った。「『ふ』つうの『く』らしの『し』あわせ」、これを「ふくし」の文字にこめているのだ。

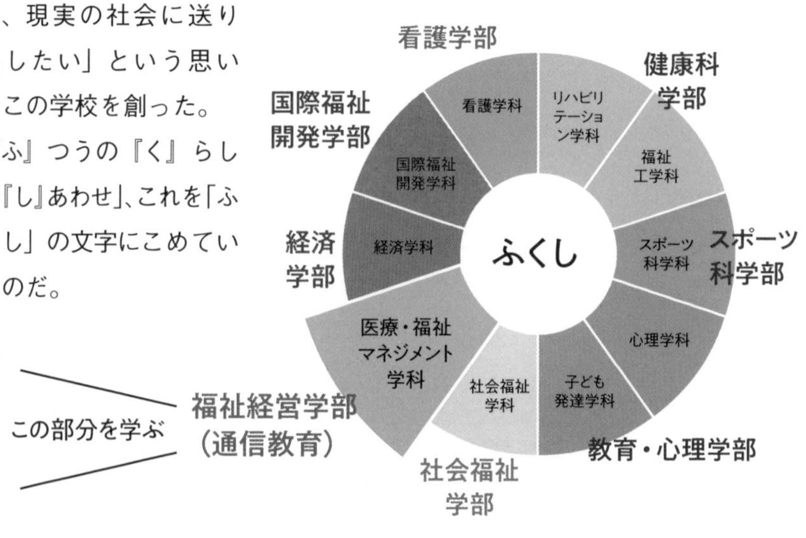

ふくし

看護学部
看護学科

健康科学部
リハビリテーション学科
福祉工学科

スポーツ科学部
スポーツ科学科

教育・心理学部
心理学科
子ども発達学科

社会福祉学部
社会福祉学科

福祉経営学部（通信教育）
医療・福祉マネジメント学科

経済学部
経済学科

国際福祉開発学部
国際福祉開発学科

この部分を学ぶ

医療・福祉マネジメント学科

医療や福祉にかかわる基礎知識や技術の基礎概念や制度、問題解決に必要なマネジメント（経営や管理）など、全130科目を超える多様な科目を学ぶことができる。
例えば日本は少子高齢化が進み社会保障が大きな問題になっているが、年金問題は健康な人はもちろん、高齢者、障害者、働いている人、働けない人など様々に関わる。この年金制度のように、どんな制度や仕組みがあればよいかなど、従来の制度にはとらわれない新しい「ものの見方」や、解決へ導く「マネジメント力」を学ぶことができる。

▶ この学科で学べる3つの分野

ビジネスマネジメント科目群

医療・福祉・環境分野におけるビジネス動向と企業・組織の原理と構造を把握し、社会に貢献する企業組織の知識と技術を学ぶ

ヘルスケア・ライフマネジメント科目群

生活上の支援を必要とする人々のニーズを的確に把握し、これに応えるための福祉マネジメントの知識と技術を学ぶ

コミュニティマネジメント・国際協力科目群

国内外の地域における医療・福祉・環境・経済の問題や仕組みについて理解を深め、コミュニティベースのマネジメントの知識と技術を学ぶ

この大学の強みは、「社会福祉士」「精神保健福祉士」など、福祉系の国家資格を取るための資格科目が履修できること。実習科目・実務科目は現場への配属実習が必要となるが、これもカリキュラムの中に含まれるから安心だ。また、科目によっては課題レポートの添削もしてくれる。このサポートは心強い。

▶ 資格取得で目指せる職業

社会福祉士

高齢者や障害者だけでなく、母子家庭、児童など様々な生活上の困難を抱えた、幅広い方の相談・支援をおこなう。

精神保健福祉士

社会福祉学が基盤になっており、精神障害を抱える人が社会生活上の問題を解決するための援助や、社会参加に向けての相談・援助をおこなう。

社会福祉士・精神保健福祉士の仕事は、高齢者施設、障害者施設、児童相談所、行政、心療内科など活躍の場が広い。福祉の職業は、他にも「介護福祉士」「ケアマネジャー」という職種があり、それぞれが医療や地域と連携して仕事をしている。

この大学の特徴まとめ

特徴1 24時間の学習システム

画像や動画、音声などで構成されたオンデマンド授業を、インターネットで24時間好きな時に受講ができる。

特徴2 単位制学費は経済的 1単位＝5500円

単位制学費で、履修する科目の総単位に応じた学費になっている。

特徴3 全国各地でスクーリング開催

全国16都道府県17の都市で、土日2日間完結型で開催している。

特徴4 パソコン操作も安心の「ヘルプデスク」

パソコン操作が苦手でも問い合わせが気軽にできる相談窓口「ヘルプデスク」を設置。

特徴5 指導員たちがサポート

科目履修や学習方法の相談にのってくれる専門の大学教員がいる。また、実習科目にも手厚いサポートがあるので安心できる。

特徴6 特修生は満15歳からOK!

満15歳以上なら高校を卒業していなくても、正科生を目指して勉強ができる。正科生への入学は、満18歳になってから。※高等学校、専修学校(高等課程)に在学中の方は出願できません。

School data

〒470-3295
愛知県知多郡美浜町奥田
TEL：0569-87-2932
URL：https://www.nfu.ne.jp/
詳しくは、ホームページで確認を。

資料請求は
こちらから

高校中退 → 就職 → 結婚 → 近畿大学特修生 → 近畿大学正科生

高校中退後、就職、結婚を経験。それでも夢をかなえるために学んでいる先輩にお話を伺いました。

自分の可能性は学ぶことでわかります！

――――――――――― 匿名希望（近畿大学学生）

――近畿大学の特修生として学ぼうと思ったきっかけは？

私は高校２年で中退し、29歳で特修生として近大に入りました。図書館司書になりたくて。でも、図書館司書になるためには、大学で勉強しなくてはいけないということを知って、特修生になろうと思いました。

大学には興味もあったし、特に迷いもなく、むしろ憧れのキャンパスライフ ！といった感じで、希望と楽しみしかありませんでした。

――特修生のときは、どんな思いで学んでいましたか？　また、まわりの人の反応は？

特に特修生だから…という思いはなかったです。スクーリングの際も、正科生の方々と一緒に授業を受けていましたし、誰かに「特修生なんです」とお話ししても、「そういう制度もあるんやね」くらいの感覚でしたよ。

――特修生になってよかったと思うことは何ですか？

勉強から離れていた時間が長かったので勉強の仕方も忘れてしまっていて。何よりレポートを書いたことがなかったので、どうやって書いたらいいのか全く分からず、苦労しました。でも、スクーリングに行って知り合った方々や、先生に直接うかがったりしながら、少しずつ書けるようになったのはよかったです。

――その後、正科生として近畿大学に入学したわけですが、どんなことを学んでいるのでしょう？

念願の図書館司書に向けた勉強が主ですが、他にも、簿記や情報リテラシー、民法など、幅広く学びました。どの勉強も、大学に行かなければ学ぶ機会のないことばかりで刺激的でした。中でも語学（英語・

中国語）は今も独学でいろいろ勉強したりして、個人の学びにも繋がっています。

――大学生活はいかがですか？

どうしても仕事と主婦が最優先なので、勉強が一番後回しになり、正直全く勉強ができない時期も多くありました。そんなときでも焦らず・ゆっくり勉強しようと思い、今も続けています。

本来ならとっくに卒業しているのかも知れませんが、**私は私のために勉強しようと決めて入学したので、周りは気にせず、マイペースで行こうと思っています。**

勉強以外では、学祭が楽しいです（笑）。もちろん一般の人でも入ることができますが、近大生じゃなかったら、行かなかったと思うし。近大の学祭は面白いんですよ♪

――近畿大学を選んだからこそ、今があると感じることはありますか？それはどういうときですか？

他の大学に行ったわけではないので、比較が難しいですが、近大自体が話題性のある大学ですし、新しい取り組みをたくさんしている大学なので、その大学に通ってるんだと、嬉しく思っています。

――最後に悩んでいる中学生、高校生に向けて、背中を押す言葉をぜひ！

高校当時の私は、勉強なんて面倒くさい…と思っていましたが、大人になって大学に行くと、学べることがどれだけ贅沢かに気づきました。

この先使わないことをたくさん学んだって、意味なんてないだろう…と思うこともあるかも知れませんが、自ら学びたいと思った気持ち、それに取り組んだ時間は、自分がどれだけ頑張れるかの自信に繋がります。

正直、大学に行かなくても生きてもいけますし、仕事にもある程度は就けます。ですが、やりたいと思った職種の資格に、大卒がついてくることが多いのも事実です。そうなったときに、すぐにしたいことを始められるためにも、大学に行くのもいいかなと思います。

勉強したり、勉強以外の楽しいことをしているうちに、案外自分がしたいことや得意なことを見つけたり、自分の可能性に気付けたりしますよ。

特修生制度のある大学一覧

下の表の他にも特修生制度のある大学があるかも。調べてみよう。また、特修生になれる年齢※、正科生になれる年齢については、大学のホームページ等で確認を。

2021年2月時点のものです。

都道府県	大学名	特修生の別名
北海道	北海道情報大学	
群馬県	東京福祉大学	
埼玉県	人間総合科学大学	科目等履修生
千葉県	帝京平成大学	
	放送大学	選科履修生または科目履修生
東京都	創価大学	正科課程入学資格取得コース
	武蔵野美術大学	
	明星大学	
神奈川県	産業能率大学	入学資格取得生
	星槎大学	
	八洲学園大学	
愛知県	愛知産業大学	
	日本福祉大学	
岐阜県	中部学院大学	
京都府	京都芸術大学	
	佛教大学	本科入学資格コース
大阪府	大阪芸術大学	
	近畿大学	特修生(大学入学資格認定コース)
岡山県	環太平洋大学	
福岡県	サイバー大学	
宮崎県	九州保健福祉大学	特別履修生

※例えば京都芸術大学の場合は満30歳。

第4部

高校脱出ルート4

放送大学

高校なしで
一流の教授に学ぶ

第4部

放送大学のしくみ

01

放送大学は通信制の大学。満15歳以上なら学歴は関係ない！

BS番組をチェックしていて、放送大学の授業を見かけたことがある人もいるのでは？　放送大学とは、BSテレビ・ラジオの番組放送などで授業を行う通信制の私立大学だ。文部科学省・総務省所管の正規の大学で、4年以上在学して決められた単位を取得すれば、大卒資格（学位）をとることができる。10代から90代以上まで、全国で約9万人がこの大学で学んでいる。

放送大学には3つの学生種（集中科目履修生を除く）があり、満15歳から学べるものもある。さらに**高校を卒業していない人でも、選科履修生・科目履修生として在籍し16単位以上をとれば、大学の学位をめざす全科履修生になれる**（満18歳以上）という、ユニークなシステムがあるのも特徴だ。

- 入学時期は、毎年4月と10月の年2回
- 書類による選考のみ

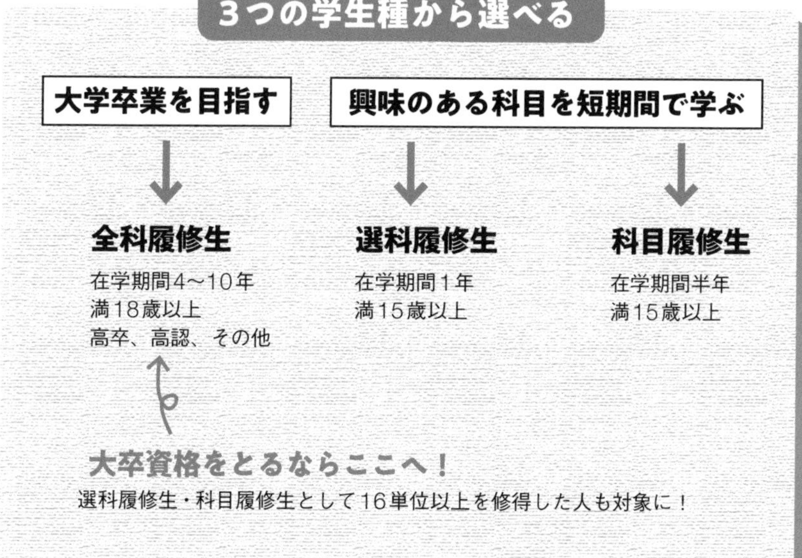

放送大学の授業には、3つのスタイルがある。1つ目は、**BS放送やインターネットで授業を視聴する「放送授業」**。2つ目は、**インターネットで講義を受ける「オンライン授業」**。そして3つ目は、学習センターなどに**出向いて講師から直接学ぶ「面接授業(スクーリング)」**だ。1つの科目はこのどれかのかたちで開講されるので、自分の好きな場所・時間を選んで学ぶことができる。

放送授業

印刷教材(テキスト)を使いながら、BS放送やインターネットで授業を視聴する。1科目あたり週1回45分の授業が15回放送され、学期末に単位認定試験を受け、合格すると単位修得に。

オンライン授業

インターネットで授業(全8回または全15回)を視聴し、オンライン上で選択式問題・ディスカッション・レポート等の課題に取り組む。単位認定試験はない(一部科目を除く)。

面接授業(スクーリング)

全国の学習センター等で授業(全8回)を行う。他の授業では体験できない実習などもあり、年間約3000クラスのうち土日の開講が約8割。仲間とも交流できるチャンス!

授業別スケジュールの目安

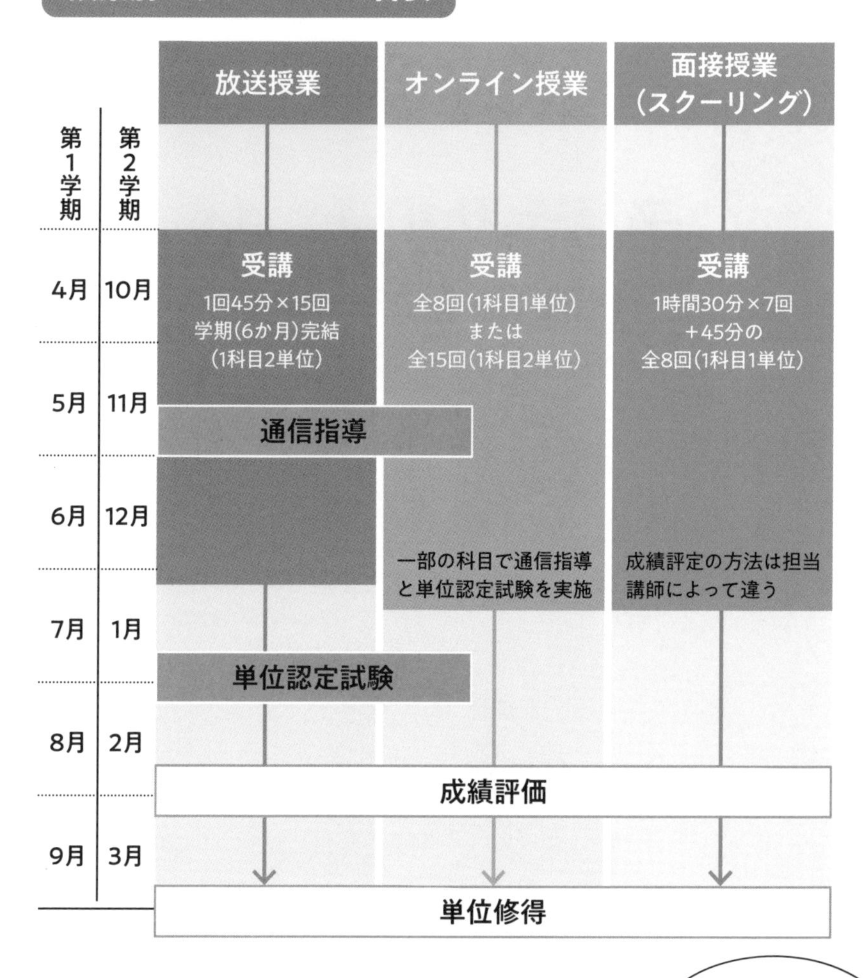

通信指導　一定の範囲で出題され、郵送またはインターネットで課題を提出。添削結果により、単位認定試験の受験資格を得る。

単位認定試験　授業修了後、学習センター等で試験を実施する。不合格の場合、科目登録をした次学期に学籍がある人は再試験が可能。

第4部

放送大学のメリット①

02

通信制だから学費が安い

放送大学の**授業料は1単位あたり5,500円で、学んだ単位数で決まる**。入学してから大学卒業までにかかる費用は、入学料と授業料を合わせて70万6,000円～。一般的な大学の学費（国立大学4年間：約250万円、私立大学文系4年間：約400万円）※ に比べると、圧倒的に安いことがわかる。しかも、半年ごとに履修する科目の分だけ払えばいいんだ。

※概算。

学生種	入学料	授業料
全科履修生	24,000円	1単位あたり 5,500円
選科履修生	9,000円	
科目履修生	7,000円	

大学卒業までに必要な学費は

入学料24,000円

＋

授業料（124単位×5,500円）

70万6,000円！

03

各分野のトップクラスの先生たちの授業が受けられる

放送大学の授業を教えているのは、人気と実力を兼ね備えた約1,000人の教員たち。**各分野のトップクラスの先生がたくさんいるだけでなく、他の国立大学・私立大学から招いた先生方の授業もある**よ。つまり通信制の大学でも、日本の名だたる大学と変わらない授業を受けられる科目があるんだ。

どんな研究をしている先生たちがいるのか詳しく知りたい人は、放送大学ホームページをチェックしてみよう。

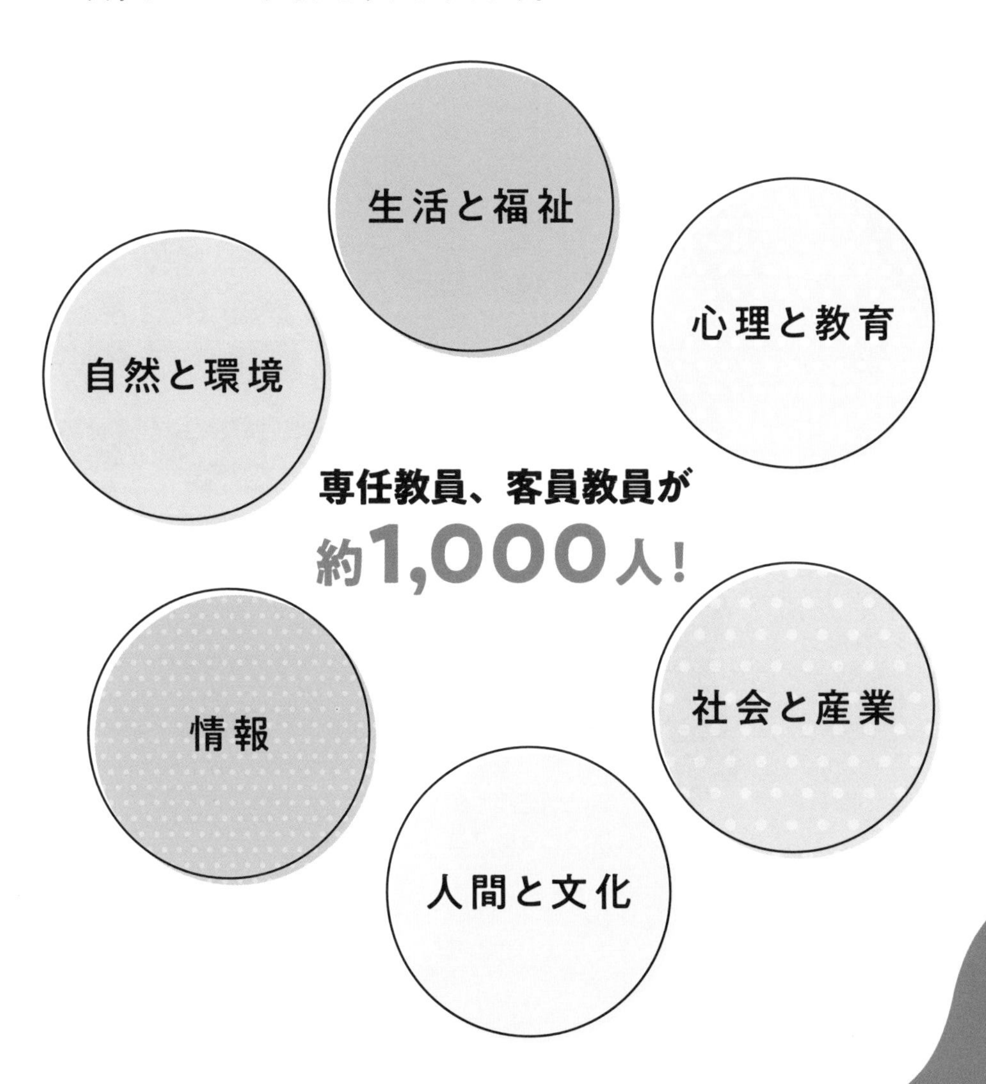

第4部

放送大学のメリット③

04

各都道府県の学習センターで学べる

全国に学習センター・サテライトスペースは、57カ所ある。**学習するときは、他の地域の学習センターも利用できる**んだ。ここは、学び以外にもサークル活動や、文化祭などさまざまな活動が行われている。写真は千葉市にある大学本部。

各都道府県にある「学習センター・サテライトスペース」には、**いろいろな年齢の人が通うから刺激が多い**。面接授業（スクーリング）を受講したり、仲間と交流したりすることができる場所だ。授業は土日が多いので、平日の時間は自分のやりたいことに使える。

学習センター・サテライトスペース

全国57カ所にある学習拠点。ここでは放送授業の再視聴、面接授業（スクーリング）の受講のほか単位認定試験の受験、ゼミ・勉強会への参加、学習相談、学生団体（サークル）活動・交流などを行っている。

放送大学附属図書館

千葉市の大学本部にある図書館には、約32万冊の蔵書があり、全国の学習センター等に取り寄せて、閲覧したり、借りたりすることができる。また、自宅にいながら利用できる電子ブックも約7万8,000タイトルある。その他、放送やインターネットの授業の視聴も、ここの図書館でできる。

セミナーハウス

千葉の大学本部にある、研修や演習、実習などで利用することができる施設。研修室のほかに、シングル、ツイン、和室などの宿泊用の部屋をも備えている。

第4部 放送大学の教養学部

05

教養学部では6つのコースから学べる

生活と福祉コース

介護や看護、健康、社会福祉など、人の生活に関わるさまざまな問題への理解を深めるコース。看護や介護について学びたい、社会福祉の専門家になりたいなどの目的で学ぶ人もいる。

導入科目

- 生活経済学('20)
- 社会福祉への招待('16)
- 人間にとって貧困とは何か('19)

専門科目

- リハビリテーション('19)
- 地域福祉の現状と課題('18)
- 今日のメンタルヘルス('19)
- 障害を知り共生社会を生きる('17)

心理と教育コース

人間の発達支援や教育についての基本的知識を学ぶ。教育系、心理系、臨床心理系の3領域があり、特別支援学校教諭になりたい、心理職に興味があるといった人はこのコースへ。

導入科目

- 学校と社会を考える('17)
- 発達心理学概論('17)
- 心理と教育へのいざない('18)

専門科目

- 特別支援教育基礎論('20)
- 知覚・認知心理学('19)
- 思春期・青年期の心理臨床('19)
- 心理職の専門性('20)

社会と産業コース

法律、政治、経済、経営、環境、デザイン、農業、工学などについて幅広く学べるのがこのコース。法律や会計を知りたい人、会社の経営を考えている人などにとって興味深い授業が多数。

導入科目

- 経済社会を考える('19)
- 法学入門('18)
- 現代の会計('20)

専門科目

- 市民生活と裁判('18)
- ファイナンス入門('17)
- 経営情報学入門('19)
- グローバル化と日本のものづくり('19)

人間と文化コース

哲学、美学芸術、歴史学、文学、言語文化などの分野があり、一般教養を総合的に深めるのに最適なコース。文学や歴史に興味がある、博物館学芸員になりたい、という人にもおすすめ。

導入科目

- 西洋哲学の起源('16)
- 日本文学における古典と近代('18)
- 博物館で学ぶ文化人類学の基礎('20)

専門科目

- 西洋芸術の歴史と理論('16)
- 東南アジアの歴史('18)
- 世界文学の古典を読む('20)
- 博物館情報・メディア論('18)

情報コース

コンピューターや通信システム、ソフトウエアのしくみから情報通信技術の社会への活用などを学べる。プログラミング、ネットワーク、デジタルメディアなどに興味がある人に。

導入科目

- 計算の科学と手引き('19)
- 日常生活のデジタルメディア('18)
- 情報ネットワーク('18)

専門科目

- データ構造とプログラミング('18)
- C言語基礎演習('20)
- Webのしくみと応用('19)
- 情報ネットワークセキュリティ('19)

自然と環境コース

生物学、物理学、化学、天文学、地球科学、数学などの自然科学を基礎から学べるのがこのコース。基礎から専門まで幅広く学べる。

導入科目

- 初歩からの物理('16)
- 初歩からの生物学('18)
- 入門微分積分('16)

専門科目

- 生命分子と細胞の科学('19)
- 場と時間空間の物理('20)
- 宇宙の誕生と進化('19)
- 微分方程式('17)

第4部

放送大学の大学院

06

もっと勉強を極めたい人には大学院もある！

放送大学の教養学部やほかの大学を卒業した後に、**もっと勉強を極めたいときには、放送大学の大学院で学ぶこともできる**。

大学院にも3つの学生種があり、大学院の修士課程修了をめざす修士全科生は、7つのプログラムのどれかに所属する。そして2年以上在籍して必要な単位をとり、論文審査などに合格すると、大学院卒（修士）の学位がとれるんだ。

大学院（修士課程）の学生種

修士全科生	修士課程修了を目的とする。大学卒業またはそれと同等以上の学力がある人が対象で、入学試験（筆記試験、面接試問）がある。2年～最長5年在籍が可能。
修士選科生	1科目から履修が可能で、1年間（2学期間）在籍。入学試験はなく、満18歳以上なら入学できる。
修士科目生	1科目から履修が可能で、半年間（1学期間）在籍。入学試験はなく、満18歳以上なら入学できる。

大学院文化科学研究科文化科学専攻（修士課程）の7つのプログラム

- **生活健康科学プログラム**
- **臨床心理学プログラム**
- **人文学プログラム**
- **自然環境科学プログラム**
- **人間発達科学プログラム**
- **社会経営科学プログラム**
- **情報学プログラム**

第4部 放送大学の授業

07

BSテレビやBSラジオ、インターネットで授業が見られる

放送大学ではどんな授業をしているのか知りたい！という人は、BS放送で実際の授業を視聴してみよう。**BSテレビ、BSラジオの他にインターネットで視聴できる授業**もある。また放送大学ホームページには、**オンライン授業が体験できるコーナーもある**。一度チェックしてみると、学習のイメージがつかめるだろう。

BS放送

放送授業

BSテレビ（BS231、232ch）、BSラジオ（BS531ch）で視聴ができる。放送大学の番組を提供しているケーブルテレビやひかりTVでも視聴可能。

インターネット配信

放送授業

一部の授業科目は「放送大学オープンコースウェア」で一般の人も視聴することができる。

https://www.ouj.ac.jp/hp/gaiyo/ocw.html/

学習センター・サテライトスペース

放送授業・面接授業

この施設は全都道府県の50か所以上にある。学生は入学時にどこかの施設に所属するが、普段はどの施設でも放送授業の視聴や面接授業（スクーリング）が受講できる。

オンライン授業体験版

オンライン授業

大学ホームページ「オンライン授業体験版」のコーナーでは、オンライン授業の受講方法などを学べるほか、科目紹介動画も視聴できる。

08 就職について特別なサポートはないよ

放送大学は社会人の学生も多いため、他の大学のような**キャリア支援や就職相談等は行っていない**んだ。卒業後に就職を考えている人は注意しておこう。また、教員が学習時間や単位数を確認して声をかけてくれるわけでもない。入学試験はない反面、入学後は自分で計画を立てて学習を進めていく姿勢が大事になるんだ。

- **学生の就職についての特別なサポートはない。**
- **卒業までに必要な単位をいつ、どのように履修していくか、自分で計画して管理する必要がある。**
- **一学部一学科(教養学部教養学科)の単科大学なので、学べる分野には限りがある。**
- **無計画だと大卒資格(学位)取得までに時間がかかることがある。**

中学卒業 → 放送大学（選科履修生）

お姉さんに影響を受け、放送大学に入った
17歳の現役生にお話をうかがいました。

高校という時間はとても貴重。だからこそ、自分の思った通りに進もう！

――――黒田 旬（放送大学在学）

――放送大学の道を選ぼうと思ったきっかけは何ですか？

放送大学に入ったのは姉の存在が大きかったです。姉は高校見学に行ったとき授業がつまらなそうだと思ったのがきっかけで、高校を飛ばして中学卒業後に放送大学に入学しました。その後16歳でアメリカ、17歳でカナダ、18歳でヨーロッパを旅し、今は英語、デンマーク語、エスペラント語を操りデンマークで生活しています。そんな姉の姿を見ていた影響で私も放送大学へ進学しました。

――人と違う進路に迷いはいっさいなかったですか？

放送大学では就職に困ると言われたことがありましたが、放送大学を卒業して大手企業に就職した人のことを知りその不安は消えました。また勉強についていけるかも少し心配しましたが、入学する前に教科書を確認し、勉強できそうだと判断しました。

――放送大学では単位取得以外に何かされていますか？

放送大学では「若者の集い」というサークルに所属し、みんなで出かけたりご飯を食べに行ったりと普通の大学生みたいなこともしています。また去年はデンマークに留学し、世界中から集まった国際色豊かな生徒ととても充実した生活を送りました。放送大学に入学するとき、友達ができるかどうかは気がかりだったのですが、放送大学に入ったことが逆に素晴らしい出会いをもたらしてくれています。

――他にも活動をしているようですが、具体的には？

中学校で卓球部に所属していた関係で、「無回転卓球」という“経験や運動神経にかかわらず誰もが楽しめるスポーツ”のアイディアを持っていました。そこで、放送大学に入ってからはこのスポーツの普及活動に時間を充て、大会やイベントを開催しました。その活動が認められ、社会起業家の世界的ネットワークであるアショカのユースベンチャラー※として認定されました。

——黒田さんの思う放送大学の魅力って何でしょう？

放送大学は、満15歳以上であれば入学試験なしでだれでも入学でき、その後16単位を取得すれば18歳のときに全科履修生に進級できます。全科履修生で4年間勉強し卒業すれば、高校に行かずに一気に大卒の資格が取れます。また、**卒業するまでにかかる学費が約70万円と安いうえに、東大や京大などの教授が教える日本トップクラスの授業が受けられます。これは最強のコスパです。**

さらに、**自由な時間をたくさん確保できるので、何かやりたいことがある人はそれに打ち込むことができるし、逆にない人こそいろんな人と出会い、そしていろんなことに挑戦することできっと自分が夢中になれることを見つけられるはずです。**

——「放送大学」を選んだからこそ、今があると感じることはありますか？　それはどういうときですか？

放送大学に入ったことで幅広い年齢の人と関わるようになり、それが人生勉強になっています。無回転卓球も放送大学に入ったことで生まれた自由な時間がなければ活動できませんでした。アショカにもつながり、社会起業家という生き方に出会うことができました。そして放送大学だからこそ17歳という多感な時期に海外に行くことができ、貴重な体験と素晴らしい友達を得ました。このすべてが放送大学のおかげです。

——高校選びをする中３の後輩や高校を辞めたいと思っている人に一言！

この世で誰もが平等に与えられた資産である時間。何でも吸収できる10代の時期は特に貴重です。まだ失敗が許される若い今だからこそ、いろいろなことに挑戦してほしいと思います。

※アショカ・ユースベンチャラー：社会にある疑問等に対し、自らのアイデアと行動で変化を起こそうという活動。12～20歳が対象。

高校中退 → 高卒認定 → 放送大学(全科履修生)

高校を中退後、高卒認定を取り放送大学へ。
引きこもりを克服した在学生にお話を伺いました。

自分の都合で勉強できる そんな大学の存在も心の支えになる

――亀甲将生さん(放送大学在学)

――放送大学に入る前のことを教えていただけますか?

中学生の時にいじめにあったことがきっかけで、学校に行けなくなりました。その後、定時制の高校に進みました。でもそこでもなじめず、途中で退学したんです。その後は、4年間くらい引きこもっていました。引きこもっていたといっても、映画を観に行くとか、時々外には出ていました。親は何も言わず見守ってくれていました。

――4年間のブランクの後、高卒認定はすぐにとれましたか?

定時制の高校で履修していたおかげで、**高卒認定で科目免除になりました。でも、高卒認定は最低1科目は試験を受けなければならなかったので、英語のみを勉強して、合格しました。**

――放送大学に決めた理由は?

もともと大学には行きたいと思っていたので、一般の大学も考え、目指してはいました。じゃあ、どこがいいかと考えたときに、放送大学を思い立ちました。

自分の生活圏に放送大学はあり、存在は知っていましたが、正直どんなところかは知らなかったです。でも、学費の安さと通信スタイルというのを知って、自分の引きこもりがちな性格に合っていると思い、入学を決めました。

――放送大学に入学して間もなく1年ということですが。

自発的に勉強をしなければいけないですし、ちゃんとやらないと単位が取れないというところは大変だと思いながらやっています。ぼくは「心理と教育コース」に在籍していますが、ちゃんと教科書を読んで、放送を見てレポートを書かないといけないし、面接授業を受けないといけないので、単位を取るには時間はそれなりにかかる、という印象です。

——放送大学に入って自分が変わったという自覚はありますか？

引きこもっていたぼくが能動的に外に出られるようになり、アルバイトができたり、こうして取材を受けて話ができたりするようになったのは、放送大学に入ったおかげだと思っていますね。**どの科目を選ぶかを自分で調べて、どの科目を履修するかを考えるようになります。自分でちゃんと管理しないと単位が取れないです。**だから、これを4年間やったら、「自立する力」が養われるのではないかと思っています。

——「若者の集い」というサークルに入っているそうですが？

放送大学のキャンパスで月１～2回、「若者の集い」という活動があり、毎回参加しています。心理系のグループワークが多いですね。同年代の人たちと、あるテーマについて意見交換会をしたり、勉強会をしたりします。それに、「あの科目、履修した？」とか「あの先生の授業、こうだったよね」などという話もします。お互いに高めあっている感じですね。

——引きこもりは克服しましたが、目標などあったら教えてください。

自分が中学生で引きこもりだった時に、自治体の支援センターに通っていて、カウンセラーの先生にお世話になっていました。実際、定時制の高校に入ったのは、カウンセラーの先生のおかげでした。放送大学で「心理と教育コース」に入ったのは、そういう仕事も視野に入れているからなんです。もともと引きこもりだったこともあるので、その経験を生かせる職業に就きたいと思っています。引きこもりの子どもや若い人を支援するような職業に就きたいんです。

——現在、いろいろ悩んでいる学生にアドバイスをお願いします。

今までは、大学に入るっていうのは、一般の通学する大学というイメージがあると思いますが、こうやって自分の都合のつく日に勉強ができる、しかも年齢に関係なく学べる大学がある、という選択肢を知っているだけで、きっと前向きになれると思います。ぼくもあと3年、頑張ります。

中学卒業 → 放送大学(選科履修生)
→ 放送大学(全科履修生)

中学を卒業後、放送大学の選科履修生を経て、現在全科履修生として放送大学に通う先輩に話をうかがいました。

たとえ中卒からのスタートでも目標をもっていれば頑張れる！

――立石朋希さん(放送大学在学)

――15歳から放送大学に通っているということですが？

高校は普通に受験しました。公立は学力が足りなくて不合格。すべり止めで受けた私立の高校は合格していたので、そこに入る予定でした。でも、お金がなくて入学ができなかったんです。私立高校の学費の支払いの締め切りの日に、たまたま母親の知り合いが放送大学を教えてくれました。放送大学は、高校を出ていなくても入れる学校だということと、学費の安さで決めました。しかも放送大学もこの日が申し込みの締め切りの日だったので、本当にひょんなことから決まったという感じでしたね。

――中学卒業してすぐ大学でやっていくのは大変ではなかった?

放送大学は、レポートからスクーリングから、全部自己管理。中学を出たばかりのぼくは、最初は慣れるのが大変でしたね。

本来、みんなは国語や数学などを勉強するのだろうけど、ぼくはそれが嫌いだったのでやってこなかったんですよね。**ただ、この学校は、経済や心理とか、自分の興味のある科目だけ選ぶことができたのと、この日に行かなければいけないという縛りもないので、単位をとるのはそんなに大変ではなかったです。**

――でも、家でコツコツってハードルが高いのでは?

ぼくの場合、学習センターが家から近く、30分もかからない距離にあったので、自宅学習でなく通って単位をとっていきました。夕方までは大学で勉強して、それからアルバイト、という生活を送りながら、大学に入学できる18歳までの3年間で18単位取りました。

——全科履修生になってからは、どんな生活を？

経済に興味があったので、「社会と産業コース」を選択しました。選科履修生でとった単位がそのまま移行されるので、１からとらなくていいのでよかったです。生活自体はなんら変わりません。

放送大学にはあまり同世代がいないので、普段は人と関わることはあまりないんです。でも、月に1回、「若者の集い」という10代〜30代の集まりがあって、それに参加することで、気の合う人と仲良くなって…。友人関係につなげるかは、自分次第だと思います。

——ところで、24歳で在学中なのはどうしてですか？

もともと全科履修生は4年でなく5年で卒業すると決めていました。実は、21〜22歳くらいのときに勉強から離れたくなって、1年半くらい休んでいた時期があるんです。ちゃんと手続きして在籍したまま休んでいました。その間はいっさい勉強せず、ずっと遊んでいましたね。新しいアルバイト先がスロットの店で、自分もそれにハマってしまいました。

——よく復帰できましたね。

ある時、このままこれを続けていたらダメだなと考え直したんです。大変だけど、もう1回放送大学に戻って勉強しようと。親には、休みたいと言ったときは反対されました。結局休んでしまったのですが…。戻りたいと言ったら、「自分が決めたことだから、頑張りなさい」と言ってくれました。あと1年で卒業しようと思ってます。

——卒業したらどんな道に進もうとか決めていますか？

中学卒業した後、一度自衛官の試験を受けました。でも落ちてしまって。でも再チャレンジしようと思っています。休んだ1年半で太ってしまったので、大学に通いながら空き時間にジムにも通っています。

——最後に、学校行きたくないな、辞めたいなと思っている後輩に一言！

ぼくは、貧しい家に育ったので、今まで周りの人にいろいろ助けてもらいながら生きてきました。そんな環境だったからこそ、多くの人の役に立てる仕事がしたいです。災害や有事があった際に、第一線に立って活動したい。みなさんも何か目標があると頑張れると思います。

公立高校中退 → 高認取得 → 4年制大学中退 → 放送大学 → 手話落語家

4年制大学を卒業間際で中退後、放送大学を経て、手話落語家として歩みだした先輩に話をうかがいました。

焦らずコツコツが卒業の秘けつ。自分のペースで自分らしく

―――― 大西誠治さん(手話落語家)

――大西さんは、高校進学を機に引っ越したそうですが…。

ぼくが中学を卒業するとき、ちょうど兄が大学進学だったので、家族で横浜に引っ越しました。第一志望に落ちて、別の公立高校に進学したけれど、だれも知っている人がいなくて、学校になじめなくて…。また、体調を崩したこともあって、高校1年の終わりから学校に行けなくなって勉強がわからなくなり、2年の終わりに中退しました。

――高校を中退した後、どう過ごしていましたか?

しばらくは家に引きこもっていたんですが、心の中では“大学で勉強してみたい”という思いがありました。そこで、知ったのが高卒認定試験でした。遅れていた分を取り戻すために塾に通い、20歳のとき高卒認定試験に合格しました。大学入試のためにまた塾に通いました。

――そして念願の大学への進学ですね。大学生活はどうでしたか?

21歳の時に、東京の4年制の大学に入学することができたんですけど、18歳や19歳の人たちとなじめませんでしたね。人と話さないことも多かった…。それでも単位は頑張って取り、4年生までは上がったんです。でも、4年の夏に大学を辞めました。このとき両親が「無理して行くことないよ」と言ってくれたので、救われました。

――それでどう過ごしていましたか?放送大学に入るきっかけは?

大学を中退後、家に引きこもっている間も、“大学入学の夢は叶ったけど、やっぱり大学を卒業したい”という思いはずっとありました。通信制の大学を探して見つけたのが、放送大学です。たまたま次の日が神奈川学習センターの入学者説明会の日で、行ってみようと思いました。

——そして放送大学に入学するわけですね。どのような毎日を？

放送大学には25歳で入りました。4年制の大学の時、臨床心理学を学んでいたこともあって、「心理と教育コース」に編入しました。4年制大学の時の単位を半分使えたのがよかったです。最初から、5年くらいかけてゆっくりやっていこうって思っていました。**基本的に自宅で勉強ができるし、レポートは年に数回の提出なので、じっくり取り組めて、試験もそんなに難しくなくて…。何より自分のペースでゆっくりやれたのが合ってましたね。**この日はレポート、この日は放送授業…と計画を立てて、コツコツこなしていました。

——放送大学の神奈川学習センターには「若者の集い」があるそうですが？

ちょうど、ぼくが在学中に、神奈川学習センターで「若者の集い」が立ち上がったんです。放送大学に在籍する10代～30代の集まりです。ぼくは心の中ではずっと人と関わりたいと思っていたので、参加しようと思いました。同年代と話すことなんてなかったので最初は本当にどきどきしましたね。月に1回でしたが、いろんな人と出会えたことが楽しかった。くだらない話から、まじめな話まで…。本当に感謝しています。

——放送大学を30歳で卒業されたそうですが、今は？

放送大学に入った時に手話を始めました。もともと落語も好きだったので「手話落語」を独学で。落語を言葉と手話で表現するんです。放送大学の5年目はほぼ単位が取れていたので、練習にほとんど時間を当てることができました。耳の聞こえない人にもわかるように、苦戦しながらも、アレンジしながらやっています。手話サークルなどに呼ばれて、時々公演もしているんですよ。

——最後に、後輩たちにアドバイスをお願いします。

先のことを考えるのも大事だけど、今この瞬間瞬間を大切にしながら、そして自分自身を大事にしながら、ゆっくり歩んでいってほしいです。それが明日につながると思うので。ぼくが「若者の集い」で救われたように、偶然の出会いを大切に、また出会ったことに感謝しながら進んでいってほしいです。

●協力者一覧　＊学校は掲載順

NHK学園高等学校
東京都立新宿山吹高等学校
クラーク記念国際高等学校
北海道情報大学
人間総合科学大学
近畿大学
日本福祉大学
放送大学
四谷学院
株式会社クリスク 北澤愛子

スタッフ

●カバー・本文デザイン
及川真咲デザイン事務所
（内津 剛）

●本文デザイン・DTP
谷 由紀恵

●キャラクターイラスト
坂巻あきむ

●本文イラスト
飛鳥幸子

●校正
株式会社ぷれす

●執筆協力
小林洋子

●編集協力
株式会社スリーシーズン
（鈴木由紀子）